U0137345

世间再无张居正

清秋子 著

千古一相

河南文艺出版社
·郑州·

目　录

1

王朝的命运在谁手里

　　能注意到我这本书的人，我想，大概都是喜欢或曾经喜欢读书的人。以我的经验，凡是喜欢读书的人，都会在人生的某个阶段有过经邦济世的宏图大志，有过心雄万夫的快意狂想。读书，乃是为了两个字——向上。

　　不过，乐于读书的人，一辈子能有多大出息？不是说"寻章摘句老雕虫"吗？不是说"人生识字忧患始"吗？因为成了书痴而不得志的人，当然有。如此的叹息，也自有道理。但是，爱读书的人，是否就注定是一事无成的腐儒？一个禀赋优异、狂爱读书的人，是否在现实中就一定是四处碰壁，只能落得郁郁而终？

　　我说：不。

　　花有百样，人有百种，岂可一概而论？

　　说起历史，我们一般都说，时势造英雄，强调的是英雄出现的历史背景。久而久之，就不大注意这样一个规律：重要的政治人物对于历史的影响，有时候，可以救活一个王朝，也可以杀死一个王朝。这种决定天下命运的生杀大权，细思，也是极为令人震撼的。

那么，什么样的人，能够救活一个王朝？

告诉你，就是读书人。

让我们翻开中国历史，翻到明朝这一部分。以往，人们对它印象并不好，比如朱元璋诛杀功臣、比如对大臣屈辱性的廷杖、比如宦官的专权和巨贪、比如皇帝莫名其妙就被外敌俘虏了等，都可称为丑史。但是看到明朝晚期，忽然就从昏黄中，闪出一片夺目的辉煌来。

有一个读书人，从一个腐朽帝国的阴影中走出来，一身潇洒，指点江山。

所过之处，腐朽变神奇，老树吐新芽。眼看已经没有指望的国运，因为他的出现，一下就反转了。

在两千年的皇权史中，无数的人杰与人渣来了又去，旋起旋落，我注意到了一个人。他未遭逢乱世，而是生于承平时代，不能斩木为兵，起于草泽；否则，也可能会痛痛快快地做一回枭雄（要是老天照顾的话，说不定还能弄个皇帝的冕旒戴戴）。

但是不能，他面对的是牢不可破的祖宗成法，是庞大衰败的帝国机器，是深不可测的官场黑幕。然而，他并不苟且，陈规陋习挡不住他施展抱负；官场复杂的"梅花桩"，反而促使他练就超常机敏的一套拳脚。

他好读书，但不痴，有异于常人的心计。他不是那种靠阿谀自保的小人物，而是一个堂堂正正、当得起"国器"美誉的栋梁之材。

读晚明史，最令我惊奇的，就是他！一个读书人出身的大臣，竟有如此大的能量。

整个国家，都曾在他的操控之下，小皇帝也要看他的脸色。可他又不是心存篡逆的奸恶，他就是一个空前称职的文官首领，一个盖世无双的高位权臣，一个在官场凭着才智而扬眉吐气的读书人。

这个人，就是明朝的张居正。

男儿若想自强，就请记住这个名字。同时还请记住，他被人誉为国器的那一年，才十三岁。

壮哉！张居正。

他的名字，是明朝晚期的一次绝路逢生。可惜，也只能是这个王朝末尾的一次回光返照，这中间的故事，太多太多。

只能说，这就是宿命。晚明，是一颗晚期的超级恒星，它忽然膨胀红亮起来，然后又无可挽回地萎缩下去，直至坍塌。

一个英明的宰相，让它在进入衰败期的时候，忽然亮起来。然后，一个目不识丁的宦官，为了私利又使它暗下去。接着，是一个刚愎自用的皇帝，终究没能把它重新燃起来。大明王朝的香火，就这么在最为奇诡的七十多年中，燃尽了。

晚明的故事，实在是太曲折。我由此悟到：在无数的故纸堆背后，历史是活的，它有一种血脉在延续，或者萎靡，或者勃发。

在这里，我力求给大家讲一个活的张居正，再讲一个活的魏忠贤，最后是一个活的崇祯皇帝。这三个人，是怎样驱动一个百病缠身的王朝，走过生死抉择的几个关口的。

首先要提到的，就是张居正。

我注意到，历史学家樊树志先生所著的《晚明史（1573—

1644）》，第一章和第一小节的标题，起头都是"张居正"三个字。

这是何等的魅力？这个人该有多大的业绩，可以当得起一个时代开启的标志？

这不是神话，但又酷似神话。

——王朝的命运究竟在谁手里？

我相信，当读者看到最后时，一定会对晚明的终局发出叹息："世间再无张居正……"

张居正，千古一相。那么，他有何德何能？这正是我要跟大伙讲的。

有人说，史上只有名相诸葛亮、王安石勉强堪与之比拟。不错！这不是狂话。因为张居正这位官职叫作"大学士"的真宰相，和那两位名相比起来，相当不同。

不同在哪里？

那就是，他想干的，到了终归是干成了。

诸葛亮为相，复兴汉室的壮志未酬。这里既有刘皇叔先天不足的原因，也有他自己过于谨慎的原因。

王安石大人，浪漫主义者也，人品、文采无可挑剔，然而书生治国，昧于实事，所谓"新政"扰民太甚，最终落得个"拗相公"的诨名儿，遗憾千古。且新政一出，用人不当，开启了党争。朝中小人借"新党"之名以营私，官员群体的敦厚之风一扫而空。说北宋江山就断送在他的冒进上，也无不可。

而张居正怎么样？

他上台之初，帝国机构臃肿，官僚因循守旧，效率极为低下。

历史学家、文学家朱东润先生曾有过描述，说那时政坛的法令、章程，一切只是纸笔的浪费。成日地办公，其实只是办纸！文牍发下去，各部院归档，便从此匿迹销声，不见天日。国家机构成了大小官员混饭吃的空壳子。

唯有张居正卓然独立。他不想学王安石头撞南墙去乱改祖制，不想搅乱朝纲，他的办法是——老祖宗纸上写的，你就得给我办到。

你听张居正说的这几句话："车不向前走，是马不用力。不鞭打马而鞭打车，又有何用？"

不对吗？车跑得慢，是马不用力。

张居正，他抓住了一个庞大帝国的软肋——效率。

这位古代的效率专家，创造出了奇迹。其实，他也创制了新法，首要的一个就叫"考成法"。考成，就是考核工作成绩，不听你说了些什么，单看你做成了没有。汇报汇报，不看材料，请拿实实在在的干货来。

"考成法"再辅以高压，立刻见效。瞒报虚报的，雷霆打击就会接踵而至。官员们哪个再敢敷衍？自此，一切臣僚，不敢文过饰非，政坛风气为之一新。

真是令人神往啊！

张先生仅在朝中做了十年大佬，帝国机器就又开始飞转了，效率达到了极点。有明一代，国祚二百七十六年，这尾巴上的几十年，不妨说，就是赖张先生一人之力才得以延续的，这是不少史家的共识。

关键是，老百姓从中也受益不小，这方面我将在后面慢慢谈。

这样的宰相，这样的大臣，你能诟病他什么？他不忠于国家吗？他眼中无视民间疾苦吗？他专权是为了私利吗？

没有这样的证据。

固然白璧也有瑕疵，张居正身上，也有很深的时代印痕。可是，我们究竟有多少资格，可以苛责古人？就为民谋福祉来说，他已经做得足够好。

在一个庞大而衰败的体制下，张居正，作为一个文官首领，已经把扭转积习的能量发挥到了极致。

老辈子时候，大戏开演前，先得敲一会儿定场锣鼓。咱们这里，也准备先敲它几家伙。不然你体会不到，这大明帝国近三百年历史的晚期，出的这个张居正是个何等厉害的角色。

这定场锣鼓，我是想说，看一个王朝要怎么看？

唐宋元明清，前面再加上秦汉，这几大王朝，两千多年来相继登场，承袭了前代衣钵。看起来相似，却又各有王朝的性格。

那就是，秦暴虐，汉宽宏，唐彪悍，宋懦弱，元粗陋。到了大明，怎么看？

明之所以不像汉唐那般祥和、盛大，有一个重要特点，就是它的皇帝和朝中重臣，在大部分时间里，都拧着劲儿，不怎么搭配。拗来拗去，拗出了大麻烦。

其实这个大明，原本也没那么糟糕，说起来，也是极有特色的一朝，在历史上独占一份的物事特别多。

先说它是中国历史上唯一一个由农民领导的农民起义最终成功，从而开创的一代王朝。开国皇帝朱元璋，就是穷得赤条条的一个农民。历朝历代中，几乎所有开国皇帝，都是豪门贵族出身。

6

因为无论起兵还是篡位，豪门出身，都是必不可少的雄厚资本——当开国皇帝可不那么简单。

这中间，只有两个是老百姓，刘邦和朱元璋。然而严格地说，刘邦也不是平头百姓，他是个亭长，有职务，虽然是个帝国最末等的小官，相当于招待所所长兼治安队队长，但正经是个基层小吏。

朱元璋却是个纯正贫农，十七岁那年，家乡濠州钟离县（今安徽凤阳）遭灾，几天内，他接连死了老爹、老妈和大哥，都死无葬身之地，穷得真是够可以的。想去帮人当长工，也没人要。

这苦娃子，当时还没这么堂皇的名字。元璋，还宝器呢！那时他叫朱重八，后来又改为朱兴宗。其实，这才是个好名字，好到跟他后来的发迹相吻合。

他农民当不成了，去当了四年多游方和尚，雅名叫托钵僧，其实就是要饭的和尚。这期间，他走四方，广交朋友，加入了秘密造反团体"明教"。

明教这个团体，神秘兮兮的，有时候被官府打压得狠了，就转入地下，托名为白莲教或弥勒教。史载，明教属于摩尼教，来自波斯，唐时就进入了中国。教规是晚上不熄灯（帮助光明战胜黑暗），不吃大葱，礼拜天（密日）晚上聚会一次。老朱对这个团体挺有感情，据说他后来建国取的国号"明"，就与此有关，看来还是个不忘本的人。

这时候，已经是元朝气数将尽的年头了，修黄河修得人心思乱。

到了元至正十一年（1351）五月，刘福通在颍州（今属安徽阜阳）起兵，天下果真就开始乱了。八月，"芝麻李"在徐州响应，连他自己在内聚了八位壮士，一举拿下徐州城（元代的地方防卫也真是太差），立马扩兵十万。

转年二月，大财主、明教兄弟郭子兴（也就是朱元璋后来投义军的东家）在濠州起兵响应，带领几千娃娃兵，占了濠州。这三支队伍，都是红布包头，史书上称"红巾军"。因为他们很讲究烧香仪式，所以当时老百姓都叫他们"香军"。

这郭子兴的队伍，攻占的就是朱元璋家乡的州城。此时，朱元璋早已结束游历，回到了他当和尚的皇觉寺，待了有三年了。这三年，风调雨顺，他就和庙里的兄弟们，种几亩庙产所属的土地过活，填饱肚子而已。就在这时，他有个儿时的朋友汤和，投奔了香军，写信来劝他入伙。老朱对此很警觉，赶紧把信烧了，但是仍有同寺的和尚知道了。这还了得！眼下元军不敢去碰香军，正在乡里四处骚扰，专抓那些看着不顺眼的人，好去冒功领赏。

朱元璋，危险了！

去投香军？没那个胆儿。跟朋友商量，朋友说："与其让官家锁拿，不如反了算了！"老朱还是犹疑不定，现在是保脑袋要紧，哪里能想到将来坐天下？于是，求助于神，在伽蓝神像前投珓（占卜用具，相当于投币看正反面），一面祈求说："要是我跑出去能活，神啊，你就给我两个阳面；要是留在这里不动好呢，就请你显示一阴一阳。"结果，两次都是两个阴面——跑也不好，留也不是。最后，他又问神说："起义能有前途吗？神不误我，请再显示一遍双阴。"然后他把珓扔在地上，一看，又是双阴。

既然神的旨意是这样了，那就干吧！

据朱元璋后来的说法是："将就凶而不妨。"岂止是不妨啊，一条金光大道就在眼前！朱和尚就此迈出皇觉寺，怀揣一块红布，奔向州城，这才有了后来的大明帝国。

正是，此一去金戈铁马，逐鹿中原……

就这样，青年农民朱元璋把老前辈陈胜的"王侯将相宁有种乎"落到了实处。

投军之后，前后历时十六年，一个贫家子弟就在征战之中，登上了皇位。1368年，正月初四，朱元璋在集庆路（今南京）拥兵称帝，建年号洪武，国号为"明"，改集庆路为应天府。当年投军时他二十四岁，到如今，也不过才四十岁。

五年后，洪武皇帝发三路大军，进击元朝的残余势力（现在只能叫作"北元"了），一口气把他们打回老家去了。这江山，终于是稳稳地坐定。

这个农民皇帝传奇的一生，可谓一个绝好的励志范本。我劝诸位在职场打拼的年轻人，不妨弃一切励志读物而不读，只读《朱元璋传》就够了。朱元璋的启示，对克服困难比较有用。

首先，他当年对于前途的选择太重要了。留下来是等死。逃走，无异于反迹已露，天网恢恢下，又有何处可逃？这是找死。

只有"就凶"，也就是冒些风险，才能杀出一条路来。成功就是要冒风险的，无论如何不能等死。

其次是专注。我们现在的个人事业，与朱皇帝的宏大事业比起来，其规模、其难度、其风险系数，百不及一。他老人家十六年就能大功告成，我们如果积十六年之功，专营一事，又何愁不成？

朱元璋出身赤贫，少逢丧乱，大字识不得几个。由于出身和阅历决定，这位农民皇帝治理国家，有他非常独特的一套。这个我在后面，会提到其中的一些。

这位老皇帝的后继者，也大多极有特色。大明后面那十几个皇帝，有些人的表现，能让人目瞪口呆，我这里来数一数。

有被起兵造反的叔叔掀翻，至今不能考证其下落的失位皇帝（惠帝，又称建文帝）；有不甘心被削藩，扯旗造反，杀进京城夺了皇位的谋逆皇帝（成祖）。

有被太监鼓惑，两天内仓促征集五十万大军，御驾亲征，结果做了蒙古瓦剌俘虏的屈辱皇帝（英宗）；有被"夺门之变"的复辟闹剧赶下台的废帝（代宗，又称景帝）。

有终身依恋比自己大十七岁的万贵妃，其余皆百事不问的甩手皇帝（宪宗）；有自己封自己为"威武大将军"抖威风，修造淫窟，在扬州遍搜寡妇、处女淫乐的胡闹皇帝（武宗）。

有沉迷于道教，信任大奸臣严嵩，差点被宫女用绳子勒死的仙家皇帝（世宗）；有色中饿鬼，淘空了身体，登基仅一个月就吃错了药一命呜呼，连年号都险些捞不着的短命皇帝（光宗）。

有近三十年不上朝，不见朝臣，国家大事去他娘的怠工皇帝（神宗）；有信任奸佞太监魏忠贤，一心一意玩木匠活儿的巧匠皇帝（熹宗）。

最后一个就是，励精图治却猜忌刻薄，干啥啥不成，终于亡了国，城破之际，与一名太监做伴儿，吊死于煤山上的倒霉皇帝（思宗）。

你们看看，这都是些什么角色？尤其是后面的那几个，做个普通人，都觉得他们心智有问题，不要说做一国之主。当然，中间也有过几个开明、理性的，但在位时间都不很长。

这就是明朝。

皇帝，多半很古怪。但大臣当中，却出了一批又一批名臣，或高风亮节，或有谋有勇，或精明干练。其事迹，端的是可圈可点，有些人的名字，到今天也是妇孺皆知。

君与臣，就这么拧着劲儿，共同撑起了一个天下。中间令人叹息的事情，不少。

虽然明代在开国盛世之后不久，就一连七八个皇帝非昏即庸，把朝臣惊诧得像看耍猴一样，不敢怒，又不敢笑，更不敢怀疑皇族的遗传基因是否出了问题。

相比之下，名臣总还为大明挽回了一点儿面子。无怪乎当代有人说，明朝的臣子才最像臣子，这个群体最讲究为臣之道，不怕打屁股，不怕戴枷示众，争先直谏，就怕皇帝不恼怒。尤其是有几个特别忠于正统、忠于礼法的，简直就近于偏执了。

这个名臣系列，从开国时期排下来，可谓星光熠熠：李善长、刘基、宋濂、方孝孺、"宣德三杨"、李东阳、王阳明、杨廷和；后来更有海瑞、杨继盛、戚继光、杨涟……他们或德或才，无不有过人之处。与张居正前后脚登上最高政治舞台的，就有夏言、徐阶、高拱、申时行，也都是能臣干员，处理行政事务的一等高手。这个国家要是没有他们，还能不能正常运转，真是难以想象。

其他名气略低一点儿、不为后世一般人所知的能臣，就更是车载斗量了。

物以类聚。在这个队伍里面，出了一个出类拔萃的张居正，也就不足为怪了。

张居正所生所长的这个朝代，文治武功，虽略逊于前朝后代，但也是个世界一等的超级大国。

明朝的疆域辽阔，雄踞神州，不亚于任何前代。已失地四百多年的燕云十六州，就是大明收复的。对极北之地的库页岛（今俄罗斯萨哈林岛），对遥远西南的乌斯藏（元明两代对西藏前、后藏的称谓），明廷都专门设有"都司"（相当于军区）进行管辖。

那时，对大明俯首称臣的属国数量之多，前朝人不敢想象。常来明廷进贡的，有朝鲜、琉球、安南、真腊、暹罗，还有一个八百媳妇国（真是好国名）——该国拥有八百个村寨，就在今日泰国的清迈府一带，据说其大酋长有八百个老婆，每个老婆把守一寨，国名就由此而得。

明朝声威远播的地方，还有马六甲、爪哇、文莱等地。前来朝贡最远的一个藩国，居然在非洲的索马里，简直不可思议！

这样一个舞台，不可谓不大，不可谓不风光。

我就想问：要想在这个庞大帝国的权力中心，当国十年而岿然不动，政绩卓著而造福于后世，不是旷世奇才是什么？

第二章

天才绝对是天生的

好了，我们的张居正此时应该出场了。不过，我要先讲讲他的出处。尽管民间有"英雄莫问出处"的说法，但这位盖世无双的大英雄，实在是令人好奇，不追问一下他的家谱，难免叫人心痒。

张先生的家谱其实很简单，只能上溯到元末。再往上溯，没了！不可考。

显然是穷老百姓世系，上推一百七十多年，就来路不明了。

明代的士大夫谈古论今，思维已相当严谨；家世这东西，不能再随便忽悠了。不像汉代，刘备、曹操还都能乱攀老祖宗。

张居正可考的先祖，叫张关保，凤阳定远（今属安徽滁州）人。这个张关保，与明朝就大有关系了，且是太祖朱元璋打天下时的一个兵，算是头扎红巾起事的老兵了。渡长江后，攻打过采石矶。

这一仗，夺的是安徽当涂长江边上的险要，为的是最终拿下集庆路。当年南宋的一支残兵与金主完颜亮的南下大军，曾在这里有过一场著名的决战，采石矶因此而名扬天下。老朱的队伍，在采石矶打得比较苦，打了三次，才从元军手里拿下。看来，张关保也是义军队伍中豁出命来干的一条汉子。

后来，这位张莽汉归到了大将军徐达麾下，随军席卷江南，转战浙江、福建和广东，估计跟张士诚、陈友定的兵都交过手。

刀头舐血的结果是屡建军功，最终被授予世袭千户，入了"军籍"。当初朱元璋创立了一种特殊的户口制度，把老百姓分为军籍和民籍两种。军籍的爷们儿，不光是打仗、防卫，还得自己种田养活自己。每个兵赏给官田五十亩，但是必须当兵当到六十岁，然后由长子一人顶缺，世世代代保你有饭吃。

张关保当这个千户长，手下管着一千一百二十人，是个权力不小的军官。

有如此光荣出身的一个老祖宗，张居正还是很自豪的。他一生的报国之志，大概从这里就能找到源头。

张关保死后，葬在湖北的宜都，正应了"青山处处埋忠骨"这句话。张居正后来曾提到过宜都的远祖孤茔，口气中，能觉出有一点儿伤感。

这军人户籍的家风，给张居正带来的，是成年以后铁石心肠的一面。日后在介入中枢政争时，他的冷酷、严厉、令出如山，都源于此。这与书香门第出来的文人雅士，风格有很大的不同。我们在后面，就能看到他的那种狠劲儿。

老祖宗再往后两代，仅仅有名字，无事迹可考。再往下，就是张关保的曾孙了，叫作张诚。

张诚是次子，袭不了军籍的铁饭碗，就从老家归州（今湖北秭归）迁到了江陵（今属湖北荆州）。从此，江陵这地方，就算是张居正的祖籍地了，后来同僚们也称张居正为"张江陵"（以祖籍作为称呼，是古人的一个习惯）。

江陵也在湖北，离归州并不远，就在长江边上，北依汉水，南通湘粤，西控巴蜀，古称"七省通衢"，是个山清水秀的好地方。因为在东晋时是荆州治所，所以后来又称"荆州城"。这地方离战国时的楚国首都郢也不远，是个出奇才的地方。屈原当年的活动范围，大约也就在这一带。

这个迁移到江陵来的张诚，就是张居正的曾祖父。他来到这儿，转入了民籍，成了老百姓户口，开始自谋职业。因为生性乐善好施，攒了点儿钱，都捐助给弱势群体了，所以一直穷嗖嗖的。

张诚患口吃，是个结巴，人送外号"张謇子"。謇子是古语，也就是结巴之意。

张謇子人缘不错，虽然说话期期艾艾，但颇有哲理。江陵人教训子弟的时候，都愿意引用他的话，俨然是个小城的名流了。

日后张居正在回忆曾祖张诚时，还念念不忘其慷慨大度，说他老人家经常发愿，愿意自身做一张草垫，让需要的人睡在上面。这个思想，简直有点儿圣人的意味了。

这个张结巴老先生，又给张居正注入了性格中的另一面，就是对穷人抱有很大的同情心。这个特点，直接影响到他后来的施政纲领。

结巴先生有三个儿子，次子叫张镇，就是张居正的祖父。其他兄弟两个，一个经商，很成功；另一个读书，是个秀才。就独独这个张镇，两样都不干，只是放浪。估计是经常参与打架斗殴，属于啸聚街头的那一伙。偏偏结巴老爷子就喜欢他，处处都给予回护。

张居正的这个痞子爷爷，又给他传下了几分泼皮性格。在后来，当政坛争斗到白热化时，张居正往往会有出人意料的举动，让人瞠目结舌。

痞子爷爷张镇，倒也有了一个不错的归宿——进了江陵的辽王府充当护卫，用现在人的话说，就是守门的警卫。张家习武的老传统又恢复了，不过张镇比远祖张关保可差得远，关保是从香军那会儿就起了义的，有战功。而张镇护卫，终其一生，也就是一名小小的军卒。因此，张居正后来回忆家史，往往只谈及远祖张关保，而不谈其他人。

这个张镇不成器，结巴曾祖就把希望寄托在了下下一代。

张镇生子，叫张文明，这就是张居正的父亲了。结巴曾祖自认为一生急公好义，应有好报，也该出个体面的孙子了。

张文明果然没再走武把式的路，一直坚持读书应试，二十岁就补了府学生，就是在本地通过了初级考试，得了个秀才名分。可是往后，一连七次，都没通过省里的二级考试"乡试"，总也成不了举人。

成不了举人，就等于不是什么正牌知识分子，在社会上没地位，还赶不上一个有钱的屠户。只有中了举，才能光宗耀祖。小说《儒林外史》里，范进中举之前与其后的大不同，就是个好例子。明代的省级乡试，是三年一次，放榜之时，正值桂花飘香，所以又叫"桂榜"。放榜后的盛况，那就不用说了，由巡抚大人主持"鹿鸣宴"，众考生高唱《诗经》里的《鹿鸣》诗，还要跳魁星舞。

张文明却与此无缘。七次落榜，那就是二十一年蹉跎过去了。一直到他四十岁，儿子张居正早已中了进士点了翰林，连三年的"庶吉士"（相当于博士后）都毕业了，老爹张文明这才彻底死了心，把考篮一丢，叹道："命该如此啊！"

张居正后来总结老爹的失败，说他老人家虽然出口成章，才气不低，但不肯向八股文的死规矩低头，所以考官不待见。

张文明是性情中人，喜喝酒，爱说笑话。与人接触，不论贵贱，都一碗水端平，平生没有什么仇家对头。他要是去赴哪家的宴会，大伙必定终席而欢，大有军人后代的豪爽之风。

结巴曾祖对孙子张文明的希望虽然落了空，但老爷子终于看到了曾孙张居正的出生。

一肚子救民济世想法的张老太爷，乐呵呵地盼到了四世同堂，虽然没看到张居正后来的显贵，但也可以稍感安慰了——子子孙孙，总有一个有出息的吧？

嘉靖四年（1525）五月初三。这一天，我们的绝世天才，终于横空出世了。张居正就在这个日子出生在江陵家中。

这一天极有意义。寒门里，出了个家族中最显赫的人物；同时，上天也给一个衰老的帝国送来了一个拯救者。

结束江陵张氏家族近二百年平淡生活的时刻到了。

在古代，大人物的诞生，照例有一些附会的传说。张居正的母亲赵氏，在怀他的时候，据说曾看见连天的火光，火中有一个五六岁的青衣童子，从天上翩然而落，绕床不止，于是赵氏有孕。

这当然是赵老太太自己编的瞎话，或者是后人虚构的……什么青衣小儿之类，都是旧时的俗套，在此聊备一说而已。

张居正的长子张敬修，在为父亲写的传记《文忠公行实》中，还说赵老太太是怀孕十二个月才分娩的，无非也是说孕育的是个奇人。

但是张居正诞生前后的所谓异象，却是有他早先的名字为证。张敬修提到过两个与父亲张居正有关的梦，都很有意思。

据说在张居正诞生的前一晚，痞子爷爷张镇忽然梦到了遍地大水，满屋皆淹。张镇慌了，问奴仆："何来大水？"下人答："水是从您张家的地里流出来的呀！"无独有偶，结巴曾祖父张诚也梦到一轮明月落在水缸里，光芒四射，紧接着，一只白龟就从水里爬将上来。老太爷从梦中得到灵感，据此给新生的曾孙取了正式的名。

这也难以置信，姑且听之吧。

张居正，字叔大，别号太岳。但是小时候的名儿，却是叫白圭。什么是白圭？白玉也。这里显然指的是白龟，谐音。

但这也只能聊备一说。因为，这名儿，也很可能是名落孙山的老爹张文明从《诗经》里找的。《诗经·大雅·抑》里有两句诗："白圭之玷，尚可磨也；斯言之玷，不可为也。"意思是：白玉上的污点还可以磨掉，言论中要是有毛病，就无法挽回了。这是老祖宗告诫人们要慎言——祸从口出。

《论语》里也记载着相关的一件事：有个叫南容的人，因为反复诵读这两句诗，孔子很欣赏，就把侄女嫁给了他。瞧瞧，这念一念"白圭"，还真捡了个大便宜。

18

张居正小的时候，就这么叫上了张白圭。看来，张家长辈对他的期望挺高，起码，也希望他能娶个什么名人的侄女吧。

后来到了嘉靖十五年（1536），张白圭这个十二岁的机灵小子，在荆州府考生员（俗称秀才）。当时荆州知府李士翱看见这名字，认为大不妥。

——可能是觉得不雅。白龟？这不是将来要戴绿帽子吗？

其实，龟这东西，在中国远古时并无恶名，且是圣人怀中的必抱之物，占卜也少不了它。人们对龟，只是崇拜，认为它象征吉祥、长寿。古代名字里带"龟"字的，多了去了。一直到唐代，贵族和士人，仍不以名字里有龟为耻。

问题最初是从汉朝冒头的，著名的文字学家许慎，写了一本有名的《说文解字》，硬说乌龟是没有雄性的，如果要生小乌龟，得跟蛇交配才成。正因为如此，龟脑袋才与蛇头长得一样，谣言正是起于此。一千多年后，这谣言也渐渐在民间扩散，暗喻通奸，龟就不是什么可以显摆的东西了。

到了元朝，《元典章》规定，娼妓的家长和男性亲属，要裹青色头巾。青头巾的颜色与绿相近。到了明朝，干脆就改成绿的，看上去仿佛乌龟脑袋。明代人把头巾也叫帽子，这就是龟与"绿帽子"的渊源关系。

因此，是不是白圭之名再好，也万万不能取呢？

——这里仅仅是开个玩笑，士大夫跟老百姓的观念显然不同。事实上，很可能李知府认为不妥的，是因为在先秦就有一个叫白圭的，本朝也有一个叫白圭的。

先秦的白圭，见于《史记》，是中国历史上研究治生之道

（经济问题）的鼻祖。明朝的这个白圭，是正统七年的进士，曾任工部及兵部尚书。

与前人重名，毕竟不好。因此，李知府便做主（真是个称职的父母官），为张白圭隆重改名为"居正"。

此名，甚好啊！大气！

布衣寒门的子弟，往往有鱼化为龙的梦想，希图一举改变自身的处境。但是梦想虽然人人有，能够实现的却并不常见。那么，关节点在哪里？跃上龙门的窍门在哪里？答案自古不一，有说勤奋的，有说靠运气的，也有说是因为看准了时机的。

而我，却要当头棒喝一声：要发达，先看你天赋够不够！为什么人人都想上进，时代都是同样的时代，上去的人却寥寥无几？就因为天分不同。

张居正世代寒门，他自己日后也不讳言，没有家学渊源或祖宗庇荫可以借力。那么，他是怎样蹿升上去的呢？我们看看他的成长史就会知道，是因为——天赋！

张居正小时候天赋就超常，一两岁时，便是一副神童模样。一次，本家叔叔张龙湫正在读《孟子》，见居正在一旁，就逗他："你要是认识'王曰'两个字，就算你厉害！"几天后，奶妈又带着小居正来了，张龙湫把居正抱在膝上，指着"王曰"二字让他看，小居正竟然就读出来了。从此，便有了"神童"之名。

老爹张文明对此甚为高兴，到了居正五岁时，就把这小神童送去"社学"（基层小学），开蒙读书了，跟老夫子念"上大人孔乙己"。到了十岁，幼年居正就通晓了六经大义。

"六经"是个什么东西呢？就是孔子曾列举的六部经典：

《易》《书》《诗》《礼》《乐》《春秋》。这里面，《乐经》已经被秦始皇烧光了，实际上只存"五经"。不过即便五经也是不得了，别说十来岁的孩子，若是放在现代，就是三十岁的中文系博士生通读一遍，怕也是要了命的事。幼年居正就因为这一点，在荆州府声名鹊起。

嘉靖十五年，张居正堪堪十二岁，正是意气风发之时。那一年，他在荆州府投考"府学"（官办学校）。据说，前文提到的为张白圭改名字的那个荆州知府李士翱，恰好在前一晚做了个梦，梦见玉皇大帝给了他一个玉印，吩咐他转交给一个孩子。第二天荆州府考生点名，头一个正是张白圭。李士翱心里称奇，叫小白圭走近一点儿，仔细看看，恰是昨夜梦中所见，于是大喜，以为是天意，还替他改了名，勉励了他许多"学而优则仕"之类的话。这显然也是事后附会，不必当真。

荆州府刚一考过，湖广学政（地方教育总管）田顼就来视察了。李士翱按捺不住，对田顼大吹法螺，说我们荆州府出了一个神童子。田学政禁不住好奇，让赶快把张居正叫来，他要亲自面试。出的试题是命题作文——《南郡奇童赋》。

张居正的老爹张文明笔头向来就快，为文下笔立就，这本事也传给了张居正。拿到试题，他文不加点，片刻工夫就交了卷。学政和知府大感惊奇。居正这次自然是顺利补了府学生，成为荆州府学的生员，是一名小秀才了。

进了府学，也不是光吃干饭，生员们平时除了各自专攻一经外，还要学习"礼、射、书、数"四科课程。

第二年，趁热打铁，张居正又赴武昌，参加相当于省级的

"乡试"（省是元代的叫法，明代称作"布政司"）。这次若是一举过关，便可成为举人了——正式的知识分子。张居正在考试时，自然又是作了一篇漂亮文章。以他当时在湖广的名声，中举是题中应有之义。却不料，有人从中阻挡了一下，让他意外落第。秋闱放桂榜之后的那番热闹，没有他张居正的份儿。

这中间横插了一杠子的，是个大人物——湖广巡抚（地方军政主官）顾璘。不过，这位顾大人，并没有恶意，他是怕张居正得志太早，反而成了个庸才。

这位顾巡抚，本人就是一位大才子，因此他对张居正的录取与否非常执着。对从京城来监考的冯御史说："张居正这孩子才具非凡，早些擢拔，也无不可，但是最好还是让他迟几年，待他才具老到了，前途将更无可限量。"他当然不能说了就算，只是让监考官自己斟酌。

这次张居正的考卷，很得湖广按察佥事陈束的赏识，力主予以录取。但是冯御史却考虑到，顾璘的意见不能被忽视，于是决定不予录取。

一个小孩的录取与否，竟引起了几位大员的争论，不能不说是上天对张居正照顾得紧。

顾璘此举，对张居正影响甚大，多年以后，他也忘不了。顾大人的深谋远虑，张居正在当时就能领悟到。因为顾璘也和别人一样，极为欣赏张居正的才华，一见面就惊呼为"国器""国士"；又呼张为"小友"，喜爱之情溢于言表，还经常对省上几位大员说："这小子，真是将相之才！唐朝的宰相张说老先生，当年认识了七岁的神童李泌，如今我这也差不多了。"

一天，顾璘请张居正吃饭，特意把自己的幼子顾峻唤出来，训示说："这是荆州的张秀才，将来是一定会到中枢掌权的，到时候你可以去见他，他会念及你是故人之子，给你点儿特别照顾。"

张居正当时奶毛还未褪，哪里敢做当宰相的大梦，但对顾大人的这种赏识不由感激涕零，久久铭刻于心，未尝敢忘。

确实，要是张居正在这一年中了举，也不过就是早风光几年。没准儿大家一捧，得意忘形，流连于诗酒宴席或花街柳巷，大不了是个风流才子，怎能有后来的一番事业。

又过了三年，张居正已十六岁，翩翩一少年了。再去应乡试，一举得中。恰好顾大人此时在湖北安陆监工修皇陵，张居正就专门跑去拜见。顾璘见小友中了举，不由大喜，解下自己的官员服饰——犀角腰带赠送给他，说："你将来是要束玉带的，我这犀牛角的腰带，怕是要辱没了你。"

明代的官服中，一品大员为玉带，二品大员为犀带，三四品为金带，五品以下为乌带。老顾这个赞许的分量，可是相当重啊！

顾璘还语重心长地说："古人都说大器晚成，我看那不过是中等之才的别称，不足为凭，出名就要趁早啊！上次我一句话，耽误了你三年，看来我是错了。但是我希望你立意高远，要做伊尹、颜回一流的人物，不要做一个轻飘飘的少年才子。"

天啊！伊尹、颜回，这两人是什么人哪？

伊尹，是商朝开国之君商汤的丞相，史上第一个帝王之师，还是道家学派开山鼻祖。颜回，是孔子最得意的门生，后世在文庙里，是有资格配享孔庙的，元代起被尊称为"复圣"。

23

拿这两个人作比，还得了吗？

天才，注定了就有天才的命运。当朝二品大员的期许，在这个少年心中引起的反响，不知该是怎样的波澜。

也许我们会问：张居正中了举，顾璘为何会如此赞不绝口？原来，对古代的读书人来说，中举是他们一生中的关键门槛。

只有中了举人，才有接下来考进士的可能，考中了进士，才有候选做官的资格。即使考不上进士，举人也有资格以科班出身去当官，只不过身份略低一点儿。无怪《儒林外史》中的范进中举之后，大喜过望，痰迷了心窍，竟然疯了。多亏他的岳丈胡屠户，一巴掌才把他打醒。

虽然读书人在考上秀才后，也有一些诸如免役、免税的小小特权，但若就此止步，前途也不过就是当个塾师（民办教师），或做个幕僚（师爷），一般民众还是不大瞧得起的。

因此就有穷秀才拼死也要考举人的事。清光绪十五年（1889）春，京城邸报（政府公报）上说，福州的考场中有好几位考生年纪超过了八十岁，更有两位超过九十岁，其中有人中秀才已经六十年了还在考！真个是不屈不挠，死而后已。

对于读书人来说，到了此时已别无退路。《儒林外史》中马二先生劝告匡超人的话，一语中的："……总以文章举业为主。人在世上，除了这事，就没有第二件可以出头。不要说算命、拆字是下等，就是教馆、作幕，都不是个了局。只是有本事进了学，中了举人、进士，即刻就荣宗耀祖。"

中举之后，就成了当红的潜力股，说不定哪天就得了官做。因此乡绅们多有提前投资的，向新举人赠银两、送田地、馈房产。

一夜间，乌鸦变了凤凰！

有那承受力不强的，怕是要崩溃。比如，范进的老妈苦了若干年，不相信自己的儿子发达了，喜极之下，竟一命呜呼。

老顾如此看好张居正，是有眼光的。其实顾璘本人小时候就是个神童，从知县、知府、布政使、巡抚一路干上来，在南京刑部尚书位置上退休，官做得很顺。

惺惺惜惺惺，大人识英雄！

与那些白胡子老秀才比起来，张居正岂是池中之物，是要早早腾飞的。他一手八股文做得好，书法、策论、应用文也过了关，拿下举人轻轻松松。

就这样，少年天才迈出了决定性的一步，国器的辉煌前景已可见！

然而，这一年，也是张家乐极生悲的一年。

在辽王府任护卫的痞子爷爷，被年轻的辽王灌了一顿酒，不幸醉死了（这件事后来还有曲折故事）。至于结巴曾祖这一年是否还在人世，没有记载，估计已经过世很久了。他们都没有机会看到张居正此后的发迹。

嘉靖二十三年（1544），张居正进京参加"会试"，也就是全国考试，却意外地落了榜。原因正如顾大人所担心的——少年气盛，马失了前蹄。张居正多年以后总结教训，认为是暴得大名害了他，原以为区区一第，唾手可得，于是放着八股文功课不练了，沉迷于古典，估计是被先秦诸子什么的迷住了。

落第后，一晃又是三年。他卷土重来，于嘉靖二十六年（1547）再次进京赶考。这次如愿以偿，终得上苍照顾，中了二甲进士！

在古代，一般读书人与中进士者的比例悬殊。只要能在千人万人中脱颖而出，什么十年悬梁刺股，什么考场里九天九夜不挪地方，什么势利眼胡屠户之流的讥讽，都可以不在乎了！唐代孟郊的一首《登科后》，有诗句云："春风得意马蹄疾，一日看尽长安花。"真是写尽了知识分子的得意。

古时有"五十少进士"一说，意思是，在中了进士的人群中，五十岁也算是年轻的。而当年的张居正，仅仅二十三岁。

三年一度的会试，是在春天举行，又称"春闱"。放榜之日春风拂面，想想看，人生此时，又夫复何求？

他这次不仅中了进士，还被选为庶吉士。这庶吉士倒不是什么有实权的官，算是有官衔的学生吧。这是朱家老皇帝想出来的名堂，从进士里选一批文章、书法俱佳的，入馆成为庶吉士，在翰林院庶常馆进修三年，三年后考试合格毕业，其中优秀的，分到翰林院去做编修或检讨，都是轻松而又体面的文字工作。这即是民间所说的"点了翰林"。那些成绩一般的，就分到各县去任知县，或分到都察院去当御史，或分到六科去当给事中，都是中层官吏，要一步步攀登。

而庶吉士出身的人，升迁就很快。明代自英宗以后，朝廷里形成了非进士不入翰林、非翰林不入内阁的惯例。凡是点了翰林的，将来就有可能入内阁，成为中枢大员。因此一旦成为庶吉士，大伙就把你看成"储相"，也就是未来的宰相。

我们二十三岁的庶吉士，此后就算正式踏入官场了。张居正的人生曲线，到此为止一直是向上走的，往后更是高开高走，直至涨停板，从来就没有跌过。

不过，他今后要面对的，将是历代官场中极为罕见的龙争虎斗！

第三章　谁是那只最后得胜的黄雀

张居正当了庶吉士，食君禄、吃皇粮，进了人人都羡慕的清要之地翰林院学习，似乎是应该趁着新鲜出炉的劲儿，加紧去拜谒权贵，编织官场关系网了。可是，从各种记载来看，他偏偏在这以后，有过一段漫长的沉寂期。

与他后来执政时的敢于任事、杀伐决断比起来，这一段时期的忍耐，简直就是奇迹。

当然，这也不奇怪，从来就没有天生的政治家。古代的官场，演员有时候的登台表演，到最终是要以生命为代价的。因此，要活着并活得比别人快乐的话，韬晦、平衡、隐忍，这些看上去不怎么磊落的本领，没有是不行的。

张居正这时是在冷眼旁观。翰林院冷冷的孤灯下，他在学习——屠龙有术，不学不行啊！

他这几年所忙的，是研究典章制度和前朝旧事，也就是学政治的法则，学执政成败的案例。他的潜龙之志，就表现在这里。

在明代，知识分子标榜才华是一种时尚。人们渴望能像唐人宋人那样，凭一首好诗词就流芳百世。这种标榜名气的小团体也空前地多，什么"前七子""后七子""十才子""八俊八杰"……都是些志大才疏的人。其实，唐宋诗文传到后来，谁还能记得住这些名堂？不须墓草一枯荣，只怕是浮名早已消散，连影子都没得一个了。

张居正有了少年时代的教训，对那些花架子不屑一顾。三年的苦读，心得不少，他果然就学好了屠龙术。这一点，从他后来执政时的游刃有余，就能看出来。

三年以后，他庶吉士毕业，因为是二甲进士及第，所以照例点了翰林，任翰林院编修（正七品）。毕业那一年，他上了一道议论朝政的奏疏（给皇帝的建议、报告）。这是他在嘉靖一朝中仅有的一次。

他说：天地间的财富，是有数的，如果用得克制，天下百姓就比较宽裕。如果穷奢极欲，天下就会匮乏。然而现在民力有限，税费无穷，而王朝之费，又数十倍于国初之时，大官之供，岁累巨万，权贵征索，欲壑难填。总之，说的就是上流社会对老百姓的搜刮太厉害了。

民何以堪啊？——这个年轻人，毕竟还是有血性的。

这个关于理财的题目，跟他在科举时做的八股文，内容是一样的，只不过这次说的更多了些。

奏疏上去，如石沉大海。张居正也就不再说了。他知道，还没到他说话的时候。此时，朝政正纷乱如麻，估计沉稳如张居正者，也是看得目瞪口呆。

就在他入京的第二年，嘉靖二十七年（1548），内阁首辅，也就是相当于当朝宰相的大学士夏言，一个不小心，被著名的大奸臣严嵩构陷，让嘉靖皇帝下令给杀了。

死得惨哪！是弃市，也就是在西市（今北京西四牌楼）给砍了脑壳。一代名臣，落得个身首异处的下场。

张居正看到了：血，阴谋，绞杀，你死我活！

他不能不面对朝堂内斗的残酷，也不能不体会到权谋的重要。这是大明帝国史上，从朱老皇帝杀宰相胡惟庸以来，一百多年间，头一个首席大臣被皇帝杀掉。昏君如虎，权臣似鹰，他张居正就甘心做一只兔子吗？

此时，朝中的顶级人物究竟在干些什么呢？

绞杀！

不是你死，就是我活。

这是一场静静的谋杀。在热带雨林里，有一类树，就叫绞杀树。它们是附生植物，寄生于其他的大树树干上，慢慢长出纵横交错的根，包裹着寄主树，一面盘剥寄主的营养，一面与寄主争夺阳光雨露，迅速壮大自己。当它的无数条根伸入土中，就形成了自身强大的根系，能独立生存了。这时，密布于寄主树树干的根便急剧扩张，紧紧缠着寄主，直至寄主窒息而死，哪怕你是参天大树。

嘉靖一朝的内阁，就是一场不断有参天大树倒下去，又不断有新的参天大树矗立起来的连台好戏。内阁里捉对儿厮杀的，都是当朝声名显赫的大学士、国家重臣，货真价实的首席宰相和副宰相。

在中国古代的官场里，国家兴不兴，国家亡不亡，那都是很次要的事；而个体意义上的成败，即我兴不兴，我亡不亡，才是天地间第一要务。即便官至万人之上的宰相，也摆脱不了这种惯性思维。

当然，在这里，"宰相"只是个借用的说法。明朝从朱老皇帝的洪武十三年（1380）起，就没有了宰相。个性皇帝朱元璋，亲手把秦、汉以来延续了约一千六百年的宰相职务给灭了！

自古以来，宰相辅佐帝王，乃天经地义之事，乡绅大地主还需要一个管家呢！在政务系统中，宰相之权，仅仅略低于皇帝。皇帝最高，宰相就是次高。

古来有不少明君贤相、政通人和的美谈，从管仲到耶律楚材，那也是一颗颗璀璨的明星。但是也有君臣互斗、反宾为主的例子，如霍光、曹操、司马懿、桓温……都是一手遮天、压倒了皇上的霸道宰相。

可是像曹操这样有帝王气质的"相"，毕竟两千年才可能出一个。宰相在大多数的历史时期里，还是听吆喝的多。由于出了一个曹丞相，历代新朝在调整典章制度时，总是在不断加强皇权、削弱相权。到了朱老皇帝坐天下的时候，皇权之高，已经根绝了宰相"篡汉"而代之的任何可能性。

但是，朱元璋是个很强硬的开国皇帝，他和宰相老是搞不好关系。他的个性，似乎也有遗传，断断续续遗传了下来。前面说过，在很多时间段里，大明的皇帝与权臣，关系总是别别扭扭的，不大和谐。

朱元璋和很多刚愎自用的一把手一样，都有共同的毛病——对待副手太苛刻。用个窝囊废吧，嫌碍事；用个精明强干的吧，总猜疑小子没准儿有野心，让人家左右都不是。

早在大明朝成立之前，老朱自称"吴王"那时候，他就有宰相。那时老朱并没有觉得有什么不妥。农民做皇帝，知识分子来辅佐，不是正好吗？明代宰相的名称是丞相，分左、右两个。明代尚左，以左为贵，所以左丞相是第一丞相，右丞相居次。

大明的第一代丞相，是两位开国功臣：左丞相李善长，右丞相徐达。一文一武，挑选的人还是不错的。后来又有汪广洋、胡惟庸先后为相。有明一代，当过宰相的就这么四个人。

可是他们的结局，那就太悲惨了。四个人，除了徐达干了两年多，得以善终以外（也有人说，是老朱用一只蒸鹅害死了他），其余的三个，都因为所谓谋反案，或被诛，或被赐死，甚或被灭门！所谓谋反案，历时数年，株连蔓引，竟陆续杀了三万多人。

这就是明初震动一时的李善长、胡惟庸案。实事求是地讲，李善长、胡惟庸都是很有才干的人，政务也不能说处理得不好。但他们越是多谋善断，老朱就越不舒服。

什么都是你们说了算，要我皇帝干什么？你们周围聚集了一批死党，他们怎么不来走我的门路、拍我的马屁？就这么，老皇帝跟权臣赌起了气。史载，胡惟庸谋反是有证据的。不过，都是来自告发者之口，或是同伙在刑讯之下的口供，很难说是否真有其事。

追究胡惟庸，并不是老朱先发现了有谋反迹象。而是有谣传说，元勋刘伯温因病暴死，是吃了胡惟庸私人医生开的药。根据这不靠谱的谣传，就要整肃一个大臣，这分明就是找碴儿。老皇帝一放出风来，人人都知道胡惟庸要倒台了，其中有想撇清的、想立功的、想报仇的，那还不纷纷起来，不弄出谋反的名堂来才怪！

杀胡惟庸时，是洪武十三年。老朱越想越气：丞相还要谋反，要之还有鸟用？于是撤销了这个官职，连同丞相的办公署中书省，也一并砍掉。我宁愿不要诸葛丞相为我做军师，也不想将来有曹丞相逼迫我儿孙下台。

我老朱要自己干！

皇帝嘛，就是要上管天，下管地，中间再管些个乱七八糟的……

有人统计过，老朱自从灭了宰相之后，自己每天要看二十万字的文件，处理事务四百二十三件，等于一天到晚不睡觉、不吃饭，每小时要阅读八千多字，处理近二十件各项政务。

这下，老皇帝可吃不消了。

老朱这么苦自己，他到底是怎么想的呢？

我想，古人讲究君权神授，皇帝的权力来之不易，不把它发挥到极致，岂不是亏了？在这方面，秦始皇就开了个好头儿，他不分昼夜操劳公务，白天断狱，夜批公文。即使这样拼命，也还不满足，还给自己规定了更高的目标，不批完一石公文，绝不休息。这就是史载的日阅公文一石。那时候的文件，是用竹简写的，一石（读作"担"）就是一百二十斤，还是蛮重的。

老朱亲自上手那年，才五十三岁。按理说放过牛、上过战场的人，身体素质应该不错，但是脑力劳动好像更辛苦，干了九个月，老朱顶不住了。他只好从各地找来几个老儒，创立了"四辅"（或是受张良启发），让他们任春官、秋官、夏官、冬官，协赞政事。

乡下来的老学究，哪干过这个？两年后，这个办法无疾而终。为什么不实行了，史书上未载，估计是干得牛头不对马嘴。

但是，参谋人员还得要，否则建章立制、拟旨批文这些工作，得把老皇帝累死。于是朱元璋又从翰林院调了一些学士（中层文吏）来，充当秘书。不定编制，也没有固定称呼。

到明成祖攻入南京、夺了位以后，就把这办法固定下来了，这批人也有了编制、有了定称。

这就是所谓的阁臣，学士也改称大学士。在哪个殿阁办公，前面就冠以该殿阁的名字，如中极殿大学士、文渊阁大学士、东阁大学士等。

皇上则一概把他们叫辅臣。自然了，当大臣的不能主宰，只能辅佐，皇帝才是天下的总舵。民间老百姓对这些秘书，那可就恭敬得多了，一般称之为阁老（不老混不进去呀）。

尽管阁臣的权力比宰相小得多，只能上传下达，但毕竟执行了一部分原来宰相的职权，所以大家还是把他们看成宰相，入阁就相当于拜相。后来官场上也不忌讳这个了，谁入了阁，大伙儿就纷纷写诗给他，祝贺入相。

不过，两者还是有不同的地方。宰相是有衙门的，过去叫中书省，有一大批各司其职的官员。而现在，阁臣手下仅仅有些文书，抄抄写写，跑跑腿。办事机构也含含糊糊地被称为内阁。什么"内阁"？意思不就是宫内的房子嘛，没法跟中书省这个堂堂正正的名称相比。

过去，宰相怎么也得是一、二品大员，现在的阁臣是从翰林院来的，五、六品的居多，最低的还有从七品的——芝麻官了。然而到了后来，阁臣就越来越尊贵了，经常是先当礼部侍郎或尚书，才能兼任大学士入阁。

内阁还有一些不成文的规矩，比明文规定的制度还要严。比如，进内阁的人有个名次上的排列，在这方面，是一点儿都不能含糊的。打头的一个，叫首辅，第二人叫次辅，余下三、四、五不等，就叫辅臣了。首辅，也就是宰相班子的大领班。名次的排序，是要论资排辈的，要是首辅离职或者死了，则由次辅顶上。如果原任首辅离职后又复职了，现任首辅的资历要是不如原任，那就得让位，退居次辅。

内阁开始的时候，还不拘一格用人才，到后来则是非进士不可了，想着"学而不优"也能当大官，那不灵了。

进了阁，就要争当首辅，因为首辅是和皇帝打交道最多的人，也是皇帝最信任的人。

因此，朱老皇帝设置的这个内阁，后来就演化成了"掐架院"。你不下去，我就上不来，那我能让你好吗？各种手段一起来，打小报告的，无中生有诬陷的，拉拢言官（监察官）掀起政潮的……只要能搞死你就行。和衷共济的班子，越到后来，就越少见。

等到了嘉靖这一朝，内阁的戏就太多了。因为嘉靖皇帝从执政第二年起，渐渐地喜欢上了修道成仙那一套，妄想长生不老。到嘉靖二十年（1541），干脆搬出紫禁城，躲在西苑（地点至今成谜），跟方士们混在一起，不视朝了，很少过问一般的政事。但他对政务处理又要求得很严格，因此对首辅的挑选也就很苛刻，既要能办事，又要听话。嘉靖放了很大的权给他们，把阁臣的地位明确提到六部之上，为文官之首。

阁老们的位也高了，权也重了，有的人就誓死要保住位子；有的人呢，则恨不得明天就把对方撵下这位子。因此，从嘉靖年间开始，阁臣们的内斗，也就出奇地精彩。

按理说，一群饱学之士凑在一起共事，应该是互谅互让，但事实上做不到。何故呢？问题出在首辅的权力没有规定，也就等于几乎没有边界。

首辅平常的工作，是审阅各部院送来的文件，然后把自己觉得妥当的处理意见写在小票上，分别贴在这些文件的封面，进呈给皇上。这个工作，叫作"票拟"，也就是代皇上写处理意见。皇上看了要是同意，就用红笔画个圈圈，批两个字，这叫作"批红"。

按照潜规则，首辅在拟定意见时，不必征求其他阁臣的意见，一人独大，其他人只有唯唯诺诺。即使旁人代拟文件，也是按首辅的意思来下笔。这个票拟制度，初看起来，不过是皇帝借首辅的脑子用一用。另外，首辅也可以拉大旗做虎皮，巧妙地影响皇帝的看法，想办法蒙蔽住皇帝，在票拟中"偷运私货"。

皇帝的生杀予夺之权，就这样不知不觉地，让渡了很大一部分到首辅的手中。

这一点，连朱老皇帝也没料到：潜规则的能量，不仅比制度大，而且也比皇帝大。

这时的首辅，不仅是名位在六部九卿之上，其权力之大，有时甚于过去的宰相，等于半个皇帝。这样一来，在他的面前，谁能不战战兢兢?

张居正踏上仕途之后不久,前任首辅夏言冤死,内阁里剩下的是现任首辅严嵩和次辅徐阶。这是赫赫有名的两位重臣,张居正后来的经历,与这两人都有较密切的关系。

严嵩的名气之大,后世无人不知。在中国的民间文化里,作为白脸的奸臣,大概除了曹操之外,名气最大的就是他了。虽然严嵩处理政务的能力一般,远不及同时期的另外几个阁臣,但由于贪婪和专权,却留下了"万世之名"(可惜不好听)。

严嵩是江西分宜人,与夏言是老乡,年长夏言两岁,进士及第比夏言早四科(即早了十二年),诗文、书法的水平堪称一流,就是处理政务水平太差。他入阁时,已是五十六岁,还是夏言把他提携起来的。

夏言这人,机敏决断,相当自负,朝中大臣谁也不在他眼里,就更没把由他一手拽起来的严嵩当回事。严嵩拟的文稿,常被夏言改得一塌糊涂,还常常掷还,责令重写。

严嵩不知为何,就是怕夏言。夏言的个性极强,经常触怒嘉靖皇帝,在政坛上竟然四起四落。不过只要一返回内阁,就总能死死地压住严嵩。

——恨便由此而起。

能记住一饭之恩的人不多,能记住一箭之仇的人却不少。严嵩经过几个回合的暗斗,终于明白了:只要夏言活一天,自己头上就有挥不去的一片阴霾。

想要出这口恶气,就得让他死!

严嵩用来对付夏言的诀窍,是以柔克刚。卑劣之人的柔,不是一般善良者的软弱，而是包藏着鳄鱼牙齿的微笑。他对夏言，永远是忍气吞声，心里虽然在骂，见面却毕恭毕敬。据说有一次，他在家中举办生日宴会，恭请夏言大人屈尊赏光。夏言不屑于来这套，没有到场。严嵩竟然恭恭敬敬地跪在给夏言预留的座位之前，为英明的首辅大人遥遥敬酒。

不顾尊严，竟至于此。能做到这一点的人，可以说，也完全能做到百毒俱全。

严嵩背地里使了手腕，终于把夏言挤下了台。在夏言落马的空当儿里，他在皇帝面前一人专宠，甚至一度成为"独辅"，也就是说，整个内阁只有他一个人。此时，他就是上传下达的唯一管道。大臣要想给皇帝留下好印象，没有严嵩成吗？于是，给严嵩送红包的大小官员，车子挤满了严府门前。严大人收下贿赂，然后回报以高官厚禄。以至于嘉靖皇帝也有所察觉，赶忙把夏言再度召回内阁，让夏言来制约一下严嵩这个老滑头。

夏言也不是白给的，他知道自己失宠是严嵩搞的鬼，这次回来，当然要报复。他一归位，仍视严嵩为无物，把严嵩提拔起来的亲信尽行扫除。严嵩仍旧怕他，一声也不敢吭。

有一次，夏言拿到了严嵩的儿子严世蕃贪渎的罪证，准备上本参劾。这个严世蕃，是个混世魔王，贪声在外，无恶不作，自我感觉却超级良好，称自己占有天下才华三分之一。

严嵩久经沙场，知道这一次小儿的丑闻要坏大事，便带领严世蕃来到夏言家中求情。夏言听闻仆人通报后，装病不见。严氏父子竟强行进入，跪在夏言榻前，泪如雨下，恳求夏大人给一条活路。不耻于向仇人示弱，也是小人的一记狠招——我已经服了，你还非让我死吗？夏言见此，于心不忍，遂置不发，把奏本压下了，当了一回"东郭先生"。

严嵩对皇帝，也是柔媚以事之。在古代，邀宠有时候就是最大的政治。马屁永远是僚属讨上司欢心的法宝。看千载史书，无能之辈为何屡屡得宠？因为在昏暗时期，最拙劣的马屁本领，就是最高明的政治权术。

文雅一点讲，就是四个字——投其所好。

嘉靖皇帝痴迷于道教，经常让值班的阁臣替他撰写"青词"，也就是写给玉皇大帝的效忠信。写好了，就拿来焚化祭天，至于玉皇大帝收不收得到，反正心诚就好。以至于后来，竟有了因擅写青词而入阁的"青词宰相"。嘉靖一有了什么灵感，就急吼吼地喊来阁臣，吩咐照他的意思写一篇青词。遇到此事，严嵩总是兢兢业业地写。而那个夏言，虽也是青词高手，但总觉得写这东西纯粹无用，有时候就叫人代写，有时候则把以前写的改头换面拿去充数。

两相对比，皇上当然喜欢献媚献得好的那一个。

此外，还有一个著名的故事，可见出两人的秉性不同。嘉靖皇帝在醮天时，要戴"香叶冠"，也就是一种道士帽。某日，他一时高兴，分赠给五位重臣每人一顶，让他们也戴着赶赶时髦。夏言不听那一套，从来不戴，有人问起来，就答："这东西并非法定官服，大臣如何能随便用？"

严嵩则不同，每次去西苑入见，都要把香叶冠戴得端端正正，上面还精心地笼上一层轻纱。嘉靖帝很好奇，问他："典出何故？"严嵩含笑答之："天子所赐，恐染灰尘。"

两下相较，柔弱的一方焉能不胜？

皇帝也好，权臣也好，哪个舵把子不喜欢奉承？哪个高高在上的不喜欢顺耳之言？

严嵩摸透了嘉靖的虚荣和愚蠢，也看透了夏言的疏阔与执拗，那么，想要上下其手，置对方于死地，就差一个必然要出现的机会了。

机会说来就来，这就是后来震动朝野的复套事件。

何谓"复套"？套，是指河套，即黄河流经甘肃、宁夏、陕西的这一块地方。这里是明朝北边的战略防务要地。朱元璋开国时，对这一带的布防做了精心筹划，在北方一线设置三大卫所（军事据点），修边墙（即当今所称"明长城"），让诸王坐镇，严防"北虏"入寇。这一招很有效，曾经使三十余年里，胡马不敢南牧。

但是，人算不如天算，老皇帝一驾崩，防守北方的燕王朱棣就反了，南下夺了位，名正言顺地成了天下的主子。这位明成祖，为防止类似自己干的事情发生（我可以，但别人不可以），将大宁都司、东胜卫两处军事重镇，内徙或后撤，使北方防务出现两处缺口。唯余开平一处，孤悬蒙古高原三面受敌，后在宣德年间，也不得不撤往内地。从此，京师和内地门户大开，原先防务的最后底线，现在变成了防务前线。

一些饥寒交迫的蒙古部落（明人俗称为"鞑靼"），就是趁这个机会，陆续进入河套来找饭吃的。后来他们在这一带安下了家，渐渐成了气候。起先，不过是千余骑骚扰，到后来竟能聚起十万余骑，攻入大明的边镇杀掠，这就是史书上说的"套虏"或者"套寇"。

夏言最后一次当政时,陕西的三边总督(地方非常设军事主官)曾铣,上奏皇帝,认为"套虏"问题不难解决,只要朝廷添一点儿兵力,由他调度,便可一举摆平。这个曾铣,是个有胆略、有办法的将才,对边患如何根除看得非常透彻。

恰好夏言也想在此事上建立一番功业,就极力向嘉靖皇帝保荐曾总督。嘉靖为夏言的话所打动,下令褒奖曾铣,并指令兵部开始操作,筹划军饷。

夏言是个实在人,很认真地与曾铣书信往还,讨论起了复套的步骤。皇帝既然下了决心,此事就有十分把握了。

他万想不到,一转身,皇帝就反悔了。为何呢?是中了严嵩的诡计。

政坛老滑头严嵩,早已窥测多时。复套不复套关我鸟事,但彻底干垮夏言,才是正事!

严嵩策划得很周密,在宫中鼓动近侍,在外廷勾结言官,大家众口一词,都说可万万不能复套啊!老祖宗都惹不起的鞑靼人,咱们怎么能惹呢?于是,一种倾向性的舆论,渐渐就包围了皇上。

嘉靖一想:没错呀,万一惹上大麻烦怎么办?前车之鉴,离得还不远呢,英宗皇帝就是因为轻易出兵示威,被鞑靼骑兵在土木堡抓住的,当了多年的战俘,险些永远丢掉了皇帝帽子。

然而大话已经放出去了,如何收回才好?要是收回的话,天子的颜面何在?嘉靖苦思无计,又不好明说,便时常发一些无名之火。他甚至已经想到,万一鞑靼杀过来,自己杀掉曾铣求和,是否就能把这些入侵者摆平了？

这皇帝的心思，也真是难测。曾铣不过是个有抱负的军人，复套也是为朱家天下着想，却不料自己的脑袋，转眼已经是皇帝手上准备用来讲和的筹码了。

嘉靖每日绕室徘徊，正是下不来台的时候。聪明的臣子怎么办？就要给他递个梯子让他下来，为他找一个替罪羊。

在严嵩的授意下，有心怀叵测的言官便开始发难了，说边衅不可轻启，不能让边将为立功而把国家推向险境；又说曾铣交结阁臣，无非是大言欺君……严阁老更是偏偏选在嘉靖一心一意斋醮之时，把上报山崩、沙尘暴等异象的报告，和曾铣的复套建议一起呈递。当天，恰好是正月初一，嘉靖看了，当然感到晦气，太晦气！于是，他公开的态度立刻就变了。

嘉靖下令，将曾铣下诏狱（由皇帝直接掌管的最高监狱），并削夺夏言一系列官职，仅以礼部尚书的职位退休。

大正月的，正当锦衣卫前往边关捉拿曾总督之时，总督大人正领着数万大军夜袭"套虏"，颇为得手。

悲剧啊，太熟悉的剧情。史载，曾大人被捕后，三军大恸，声闻百里。手下亲军五千，日夜磨刀称反——想不通，实在是没有天理了！

首战得手，严嵩又连连进击。此时有个叫仇鸾的边将，由于受曾铣弹劾，正在狱中，严嵩便教唆他上疏，诬告曾铣掩盖败绩、克扣军饷，最致命的是——还贿赂了首辅夏言！

曾铣本来还不至于丢命，这么一告，风云突变。嘉靖二十七年（1548）三月末，曾大人终于以隐匿边情、交结近侍官员的罪名，被斩首于西市。夏言在归乡路上，听说了曾铣的罪名，竟吓得从马车上掉了下来："噫！吾死矣。"

正人君子，从来难斗过阴险小人。当年四月，夏言果然被逮回京城。十月，脑袋就搬了家。一代人杰，落得这么个下场。

严嵩笑到了最后——哼，你蔑视我，那是要付出代价的！

第四章

官场的食物链远远没有完结

夏言一倒，大事毕矣。严嵩以柔媚事皇上的办法奏了效，此后他又在朝中专权了差不多有十五年。

一个皇帝，乖僻多疑，很少干正事；一个权臣，狐假虎威，坐收贿赂。这一对宝贝君臣，败家就像别人创业那样锲而不舍。朝政眼见着，就这样一天天败坏下去了。

严嵩卖官纳贿，都是由儿子严世蕃一手操办。诸司衙门想办点儿事，老严就一股脑儿都推给小严，对下属说："小儿识天下大体，可与商。"结果，等于严世蕃一人把持了朝政。

严世蕃是严嵩中年才得的一个独子。严嵩专权时，小严已经三十岁了，肥头大耳，一目盲。年轻时沾了老爹的光（父荫），读了国子监，毕业后，当了个五品小官。他确实有点歪才，代父处理政务之后，谁要是想求见，十天半个月也见不着——不拿钱来？没门。

有那想跑官的，想搞点名堂捞好处的，皆奔走其门。一溜儿的礼物箱子，相望于道。

小严对内外所有官职的油水多少，谋求各种官职的难易程度，全都了如指掌。对跑官者索要贿赂，开的价码都正好，一分也不能少。有了这样的智商，想不成为古今中外第一贪也难。

最厉害的一个干法是，户部发给边防的银两，严世蕃必须得其大半。还没等银子出京，就缩了水；或者送到边关之后，边将再乖乖按一定比例返给严府。国防的钱缺不缺，管他娘的，敌人来了的话，可能连大刀都买不起了！

严氏父子中饱私囊，挣够了，当然要花掉。他们穷奢极欲，夜夜笙歌，所吃所用，在人间都非常罕见。搂着妖冶的歌姬，朝歌夜弦，左斟右舞，宣淫无度。诸臣恨恨道：这简直是玷污纲常！自古以来，就没有像这样奢靡的。

上梁如此，下梁也就可想而知。嘉靖后期，严氏父子这一对妖孽，把现世当成末日来过，造成了贪风大炽，士风败坏，贿赂公行，简直到了随便抓一个来砍头，都不会冤。

国家财政哪里禁得起这么消耗？大明的天下，眼见已是千疮百孔了——国库紧张，入不敷出，军备废弛，民力不堪重负。一个世界第一的超级强国，到了此时，已是陡然转弯，一步步踏向夕阳了。

这个严大首辅，在内阁前后有二十年，父子俩到底贪了多少，真相可能永远是个谜了。史书上记载，他们严家的溺器，也就是小便器，皆用金银铸成妇人形状，粉面粉衣，栩栩如生。这还不算，往里面撒尿的那个洞洞，居然做成了女阴的形状。

猥獗之极啊！谁说我们的古人没有想象力？

他们父子以为圣眷从此不衰，认定了天下可以随意折腾，但就是料不到：此时此刻，有无数仇恨的眼睛正死死地盯着他们。

其中，有这样一双眼睛，是他们绝不可以忽视的。

这就是他们将遇到的重量级对手——徐阶。

徐阶是松江华亭人（今上海市松江区），为人聪明干练。早在嘉靖二年（1523）考进士，中了一甲三名，俗称探花。那一年，才仅有二十一岁，也是少年得志。

按规定，一甲当中的这三名，不用考庶吉士，可以直接进翰林院，当编修。

当年，担任首辅的名相杨廷和，曾经指着徐阶夸赞道："此少年名位不下我辈。"——旧时老辈人奖掖后进的那股真诚劲儿，真让现在的孩子们只恨生得太晚！

徐阶个子不高，面白，风度翩翩，为人机敏，有权谋而不外露。在嘉靖初年，本该一帆风顺的，可是仕途刚一开始，就遭遇了坎坷。

嘉靖皇帝刚上台的时候，曾干过几件很不错的事，其一就是取消了加给孔老夫子的"大成至圣文宣王"这个吓人称号，仅封为"至圣先师"。这是比较符合事实的——抹去了先圣身上的官本位色彩。

但徐阶不同意这个做法，因而触怒了嘉靖和当时的首辅张璁，被外放到福建延平，做了个推官（县法院院长）。

这种基层的历练，对徐阶来说好处不少，阅历一多，人也就圆通老练了。他在下面的几年，政绩不错，从县到府，再到省一级，做到了江西按察副使，是负责司法的副省级官员了。

夏言很看重徐阶，对他多有提携。嘉靖二十年（1541），徐阶回到中枢，接连晋升，先当了国子监祭酒；两年后，调任礼部侍郎，随后又担任吏部侍郎，由于受部门一把手的器重，而成了实际上的人事部主官。

他待人和气，不耻于折节下问。下面来了办事的官员，总是满面和蔼地问人家风土民情。因此口碑非常好，人人皆愿为用——有事您就吩咐吧！

徐阶还一度出任翰林院的掌院学士（院长），负责教导庶吉士，成了张居正的老师。他对张居正的最初印象与好感，应是始于此。张居正对徐阶，则是终身执弟子礼，恭敬有加。

这是张居正踏上仕途的引路人，是一颗能带来好运的吉星。张居正后来能搅起那么大的动静来，就是因为徐阶给他发了一个通行证。这些，我们稍后再慢慢讲。

夏言被杀的第二年，也就是嘉靖二十八年（1549），徐阶已经回京八年多了，当了礼部尚书，这就很有入阁的希望了。果然，三年后，他顺利入阁。

诸位可能想不到，徐阶的蹿红，不光是因为他有才干，也与他擅写青词大有关系。在诸多词臣中，嘉靖就喜欢徐阶所撰的青词，认为玉皇大帝看了一定会满意。嘉靖因此而喜欢徐阶，喜欢得一日都离不开的样子。

徐阶入阁的时候，严嵩是首辅，李本是次辅，徐阶排老三。

看来，这颗新星晋升次辅，是指日可待了。在眼下，朝中能对严嵩构成潜在威胁的，也就只剩下这一人了。

严嵩虽老，可他的嗅觉还是灵敏的，他不能容忍有人在皇帝面前的地位超越他。他对徐阶想方设法地挤对，诡计百出——这好像是生物竞争的本能。

所谓楚人无罪，怀璧其罪，也真是说得有道理。徐阶的罪过，就在于他得了皇帝的宠信。

大明的官场纵横术，无非就是争宠、邀宠、固宠那点儿事。因为王朝晚期的领导当中，理智的不多见，糊涂的居多。欣赏谁，谁就什么都好，怎么干都行，无须顾忌。受宠的下属，闹翻了天也没有关系。因此，像严嵩这样的政治老手，自有他的原则——上级的宠爱，决不容他人分享。

如此受到严嵩的压迫，徐阶当然郁闷。但他是目睹了强悍的夏言是如何覆亡的，不可能傻到去重蹈人家的覆辙。

徐阶所使用的对策，也是柔术，跟严嵩相似，只是目的不大一样。

他内心早已经清楚——他的使命或者说宿命，就是有朝一日干翻严嵩，挽回政局的清明。而在此之前，只能先保住自己。

严嵩的攻击来得相当凌厉。嘉靖二十九年（1550），蒙古右翼土默特万户的首领俺答汗因边贸问题与大明闹翻，发兵拿下蓟州，突破古北口，铁骑直薄北京城。明军在京郊溃败，九门被围，京师震恐。这就是著名的"庚戌之变"。当时防守北京的京军，在册的只有六万人不到，半是老弱，强壮一点儿的都给派到高官家里服役去了，而且里面还不知有多少是空额。仓促间召集了约四万武举生员、街头流氓等防守。此辈从未经过战阵，登上城头，一看蔽天的烟尘，早吓得哭成一片。

严嵩在这个事件过程中，两次给徐阶下套，都被徐阶侥幸躲过，没有蹈夏言的覆辙。

兵临城下时，嘉靖曾征询严嵩和徐阶的意见，严嵩借故这是边贸问题，把责任推给礼部（也就是徐阶）。徐阶没办法，只好献上了一条缓兵之计。他认为鞑靼兵孤军深入，不会久待。不妨先问俺答要什么，咱们就答应给什么，拖一拖再说。

瞎猫碰上死耗子，这条缓兵之计，居然奏效了。不久，在各地开来的勤王军队压力下，俺答退走了。徐阶也因此安然无恙，还在皇帝面前赢了几个点数。

徐阶还有两件事也很悬。一是请求早立太子事，二是安葬已故皇后事，不知怎么触怒了圣上，险些被驱逐。严嵩已兴奋得在那儿摩拳擦掌了，但徐阶的认识转得非常快——天子圣明。皇上您说的，那才是对的！

柔术到底还是有用的。嘉靖见此，也就不再追究了。

不过风浪也实在是太紧，徐阶只有万分小心。于是他更加兢兢业业撰写青词，将功补过。他很清楚，做这些于国于民没用的事，反而比做有用的事更能让皇帝高兴。此外，他毕竟不像夏言那般刚直，平时宽以待人结下的善缘，也使他有了一层无所不在的保护网。无论嘉靖走到哪里，都会听到有人说：徐大人这人，为人不错啊！

事情就这样不可理喻——嘉靖有时候不太相信自己的判断力，对下级的评价，并不是出自观察。他喜欢听舆论，随便什么赶车的、端水的、送文件的小角色，说一句某某人好，就能影响他对一个人的看法。

徐阶便因之得福了。皇帝的气总算消了，危机得以度过。

严嵩当初扳倒夏言，用了十年光景；如今徐阶与严嵩暗斗，也用了十年工夫。徐阶的法子，是佯作浑噩，把最终的政治目的深藏起来。对严嵩，以其人之道还治其人之身，也玩起了太极推手。

面对咄咄逼人的严首辅，徐阶只是虚与委蛇，与智退俺答的办法异曲同工。

也许是由于官场太险恶，也许是夏言的教训太惨痛，徐阶在一些事情上做得有些过，几乎是奴颜婢膝。对此，后世总有人不以为然。

比如，徐阶看准了严嵩极重乡谊（夏言除外），就以避倭寇为由，特意在严嵩的原籍江西南昌建造府第，然后把户籍迁到江西，与严大老爷攀上了乡亲。他还把自己的孙女送给严世蕃做小妾（一说是送给了严世蕃之子），用起了和亲政策。这样一来，风险就大大降低了。两家既然成了姻亲，严嵩对徐阶的冉冉上升，便坦然不复疑——老滑头也有中招的时候啊！

徐阶比较喜好经世致用之学，是有一番大抱负的。当日朝野，正流行阳明之学，徐阶虽不是王阳明的学生，但他的朋友中不乏王阳明的弟子，从他们那里耳濡目染，外示人以名节，内兼之以权术。这一套，玩得很圆熟。

孙女做了妾！这屈辱，暂且咽下，来日再与他算总账。

在这一点上，我们不能苛责古人。

当今在世上谋生的各位，环境再恶劣，还不致有斧钺加颈（掉脑袋）的危险，可是能有多少人敢直言，敢疾恶如仇？各位还不是要常常动用脸上的微笑肌肉？

况且徐阶面对的，绝不是一般的对手。

严嵩的奸诈与蛮横，是史家给予定评的。他要取仇家的脑袋，或以他人的性命做赌注，不过是举手之劳。

俺答兵犯京畿这一回，就有人为他送了命。由于明廷采纳了徐阶的意见，与俺答周旋，待勤王大军陆续到达后，明军实力增强，嘉靖便命兵部尚书丁汝夔发兵。丁汝夔向严嵩请示如何办，严嵩授意：不要动真格的。天子脚下，如果打不好，交不了差，瞒也没法瞒，还不如不打，待"北虏"抢够了，自然会退走。

丁尚书照计而行，让各营停战，京兵更是乐得不战，于是任由俺答纵兵烧杀。敌兵在城外杀掠够了，果然退走。

那时宦官的家产多在城外，损失惨重，因此他们围着皇帝哭天抹泪，要讨个说法。皇帝听罢，不由得震怒，追究下来，逮捕了丁汝夔。

丁汝夔慌了，连忙嘱咐家人去向严嵩求救。严嵩告诉来人说："老夫尚在，必不令丁公屈死。"丁汝夔于是宽了心，把停战的责任全部揽下。

却不料，严嵩在嘉靖面前谈起丁汝夔，嘉靖勃然变色："汝夔负朕太甚，不杀汝夔，无以谢臣民！"

这几句话，吓坏了严嵩。他只得踉跄而出，不发一言——天要下雨，这我可管不了啦！

待到弃市的圣旨下来，丁汝夔被绑赴法场，才知大事不好，不禁大哭道："贼嵩误我！贼嵩误我！"

可惜，明白得太晚了！严嵩这老贼，误的岂止是一两人的性命。

第五章

道不同我就不奉陪了

朝中的事如此波诡云谲，张居正此时又在干什么呢？俺答袭北京的那年，这位青年才俊，正值庶吉士毕业，请假回家探亲数月。春去秋归，正赶上这件震动全国的事变。

国家的危亡，君主的善变，权臣的翻云覆雨，给他上了一堂最生动的政治课。

我们可以做个推测：在这个事上，他不能不有所悟。

就在朝堂上激战正酣的时候，徐阶开始注意到了张居正，他对这位沉毅稳重的新晋，深表赞赏。徐大人是个有慧眼的人，走政治的棋，会想到后面的很多步。于是，他有意结纳这个年轻人。

史载，张居正此人，仪表堂堂，脸庞略长，眉清目秀，胡须长至腹部。为人敢于任事，常以豪杰自许，但也深沉有城府，含而不露。

在一派浑噩的官场上，这实在是够醒目的。

当时，严嵩猜忌徐阶正深，好多与徐阶关系还不错的人，都不免要躲躲闪闪。但张居正不这样，他堂堂正正，既与徐阶亲善，又与严嵩往来，决不鬼鬼祟祟。如此一来，徐阶自然是心存感激，而严嵩竟也不以为忤，反倒很器重这位大马行空的后生。

这也许就是天生的政治异禀吧？当代有人评论说，要做到这一点，非有很深的道行不可。以我们今天的经验观之，确实不易。在一个场域里，如果有非黑即白的两派，想左右不得罪，难矣！

我想，张居正固然是以光明磊落走稳了这钢丝绳，另一方面，跟严嵩毕竟是个才气颇高的文化人也有关。严嵩对张居正的才华，还是相当欣赏的。

张居正在翰林院里，从表面看，只做了些无聊的马屁文章，如写给皇上看的《贺灵雨表》《贺瑞雪表》《贺元旦表》等。这样的东西，严嵩也要经常写，有时候他懒了，就叫张居正代拟。

假如一直就作这样的文章，如何才得经邦济世？这样憋闷的日子，何时才是个尽头？"在我的后园，可以看见墙外有两株树，一株是枣树，还有一株也是枣树。"——这段时间里，张居正想必也有鲁迅在教育部做小吏时的苦闷，他险些走上了一条就此归隐的路。

嘉靖三十三年（1554），张居正到了而立之年，一切皆茫然。他曾经娶妻顾氏，本来很好，但顾氏却早亡。不久又娶王氏。再娶后，内心创伤仍难平复，丧妻一年后，偶读到韦庄的悼妻诗，仍是怆然有感。

这一年，他忽然萌生退意，坚决告病假，回了江陵。如此匆忙退隐，他无法面对师翁，临走前，只给徐阶留了一封信，劝老师也退了算了，遗世独往，不亦快乎。

面都不见就走了，这学生也是够固执的。书生气毕竟还未脱净。徐阶比张居正要老到得多，他就不会激愤。在官场，激愤有什么用？能做的，就只有蜷伏。他知道，日久生变——时机是等来的。两下里的较量，有时就是耐心的较量。

但徐阶对张居正并不失望，他抱定了主意要等待，包括等待张居正的归来。

张居正的这次告假，既是对混沌时局的不满，也有避祸的念头。他深感晋升之途甚于棘丛，真不是那么好走的。

张居正告病的前后，正是著名的直谏之臣杨继盛上疏嘉靖，参劾严嵩"十大罪状""五大奸宄"之时。

杨继盛的结局非常惨烈。

这位一根筋的杨先生，是张居正的进士同年，时任兵部员外郎。他挑战严嵩，几乎等于飞蛾扑火。忠勇固然可嘉，可是旁观者看了，很难不胆战心惊。就在张居正告假的第二年，系狱已达三年的杨继盛，被严嵩借皇帝之手诛杀。

"铁肩担道义，辣手著文章"，这句闻名于今世的话，就出自这位硬汉。李大钊为友人题写对联，将杨原诗的"辣"字改为"妙"。勇士留其名，千百载之后都会有人叹服。令人慨叹的是，他当时却没能改变得了什么，皇帝下诏杀他，也不过就当捻死了只虫子。大明天下几乎烂透了的道义，他一个瘦弱的肩膀能担得起来吗？

但是，他不与奸佞们苟活在同一片天底下的决然，却给后世的人们一个启迪——"男子汉"三个字该怎样写。

他死了，留下了一捧正义之火。人们固然是噤声了，但离爆发的日子也就不远了。

张居正做不了杨继盛，他的选择，是与恶浊一刀两断。在江陵老家，他开始了陶渊明式的生涯。在范围不大的湖山中，择地筑屋，用茅草搭建成一室，仅三五根椽。再种下半亩竹，养一瘦鹤，终日闭门不开，外人来了也是无所见。平日，只打发童子数人，洒扫庭除，煮茶洗药。他自己有时读书，有时闭目养神。

这简直就是活神仙了！张家原本仅是清贫之家，张居正小的时候，家里可说是无储一石之粮。但在他中举后，祖父辈经商有方，才攒下数十亩田。现在，他可以优游于林下了。

山居的日子令他迷恋，甚至，还萌生了终老于此之志——老死在这儿，也未尝不可。

但是，对政治的热衷、对民情的焦虑、对国事的牵挂，都注定他做不了陶渊明。

在乡间，他常绕行在阡陌间，观看那些老农、仆佣。看到穷苦百姓们风吹日晒，终年劳碌，仅免于饥饿。稍遇荒年，做母亲的要卖掉孩子才能度日。而官吏催税催粮，就像火上了房一般急。放眼乡间，何处不是寡妇夜哭，盗贼横行……真可谓百弊丛生，难以尽述。

这日子，怎么过啊？

张居正的心也是肉长的，未尝不感到悲伤，时时也心生惶恐。然而当朝的大佬，只要有官做，他们又怎能有切肤之痛？

张居正体察民间，痛心于田赋不均，贫民失业，民苦于兼并。什么是苦于兼并？就是农民失地。农民们本来就贱，失了地，就更贱到了底！

在明代，选了庶吉士的人，做外官的机会很少。不做外官的话，根本就不可能知道农民有多苦。张居正也曾有去做外官的念头，但没办法实现。这次在老家隐居，是他第一次以政治家的眼光来看民间疾苦，越发感觉不能安坐了。

他想到，要想让老百姓活得滋润点儿，莫不如少一些征发，减一些关税，以利农商。

民生的问题，看来古今都是一样的。解决问题的那层窗户纸，其实也是一捅就破的。

问题是，没有人来捅——肉食者别有怀抱。这个，人们都不难明白。

张居正却是看得够了。他心里理想主义的火焰，还没有熄尽。隐居江陵时，曾与好友前去同游南岳衡山。留下的几篇诗中，流露出他内心的矛盾：是消极避世呢，还是做大事业？实在是难以取舍。

看他那时写的诗："山色有情能恋客，竹间将别却怜君。"（《出方广寺》）这是忘情于山水间了。"欲骋万里途，中道安可留？各勉日新志，毋贻白首羞！"（《谒晦翁南轩祠示诸同志》）这又是想扬鞭奋蹄，干他个天翻地覆了。

老爹张文明，不明白儿子内心的这些纠结。看见儿子高卧山中，一晃儿就是三年，不免闷闷不乐。孙子们问他为何焦虑，他起身就走，像是没听到一样。

老人家想的也许是：张家，完了。

他哪里会想到，能山居者，往往就是有大志者。他的儿子搅动天下的日子，很快就要到来了。

这三年的山中生活，张居正并没有只顾埋头读书，也没有饱食终日。他在眼观八方，发微探幽——帝国的病症究竟在哪里？

隐居的第二年秋，正值俺答部落的手头又紧了，与明朝贸易不成，就来抢，兵犯大同、宣府。十多天后，又奔袭至怀来，京城再次不寒而栗，急忙宣布戒严。

俺答虽然拥兵十万，为蒙古土默特部中的最强者，但毕竟不是以往辽、金那样的强盛国家。他们只是为抢夺一点儿财物与人口，竟逼得大明的首都屡屡戒严。这事情很荒唐，堂堂大国，怎会衰弱到如此地步？

这一时期，张居正对于"国病"的思考，已是一针见血。他早就看出来，像严嵩这样贪得无厌的高官盘踞上位，必然是财货上流，百姓嗷嗷待哺。何谓财货上流？就是财富都流到上流社会去了。皇室的奢靡，权奸的搜刮，无日无休。国家的各类衙门就是无数条吸管，有多少民力能禁得起这样来榨！

张居正曾说：汉代贾谊有言，如果生产的人少，胡乱花钱的人多，天下财力，安得不困？居正感到万难理解的是，居然有人不求从根本上除去这弊端，反而竞相仿效奸商，狂敛老百姓的财富，这怎么能使国家富起来呢？

因此，国本一定要小心培植，元元（老百姓）更是要加以厚待。坐江山，就要做一个计度久远的统治者。

张居正并不是满足于写写流行诗赋的文人，他的头脑，正酝酿着改变这沉闷政局的风暴。他此时的诗，也有不输于李太白的慨然之风：

拔刀仰天肝胆碎，白日惨惨风悲酸。吁嗟残形，似非中

道，苦心烈行亦足怜。我愿移此心，事君如事亲，临危忧困不爱（惜）死，忠孝万古多芳声。（《割股行》）

是啊，为了"致君尧舜上"，又怕他什么"地崩山摧壮士死"？

时过三年，张居正，这难得的人中蛟龙，终于从潭中跃起了！嘉靖三十六年（1557）秋，他突然返回京城复职。

这是张居正一生中的重大转折。在所有著名人物的生平中，往往都会有这样一个点，如同涅槃重生。

所思既深，所行就愈坚。那年秋，一条迢远的杨柳官道上，车马辚辚。那辆车上，载的是要让这辽阔国土重现盛世的雄心。

他身后，是江陵的青山碧水；他的前方，是京城的万丈红尘。张居正此去，就是要廓清这世界，上报君恩，下对得起黎民百姓。

——那些啼饥号寒的末世景象，他再也不要看了。

第六章

忠烈之士宁愿以卵击石

秋山如洗时，前度刘郎今又来。

怀着摘奸剔弊的浩然之志，张居正回到京城，然而一切似乎都未有变化。金碧依旧，黄土依旧。长安道上，仍是豪门的五花马；权贵及其子弟们，照旧笑入酒肆中。

国事看不出来有什么振作，京都的糜烂，不因他的万丈豪情而刷新。在翰林院里凭窗远眺，张居正郁结在胸，心事浩茫。

他慨叹：世事如棋局，屡变不止。京师十里之外便有大盗，数十上百，成群结队。官场贪风不止，民怨日深。倘若有奸人趁机挑起事端，后果将难以料想。

这样下去，怎么得了！

不过，无论是他自己，还是满心欢喜迎候他回来的徐大老爷，实际上都有了一些变化。这些变化，为将来的棋局，布下了几个关键的子。

先是，徐阶已经把张居正作为自己夹袋中人了，在官场的升迁上，处处予以照拂。

徐阶这样做，固然有他个人的一些考虑，但在他安排的梯队中，之所以选中张居正，也是出于为国家选一个好相才的目的。

在这里，就不得不提一下明代文官集团的选人准则了。

我在前面说过，嘉靖中期的官吏们几乎无官不贪，这不过是极端之语。实际上任何时候，官员阶层里都还有正直之士。士风再颓靡败坏，人心也不可能全都烂透。

这些官员，毕竟是由"修齐治平"以及"民为贵"的理念熏陶出来的。这套东西，有的人不当真。但是，也有的人很当真，仕途要考虑，另外也未敢忘忧国。

因为，俸禄毕竟是这个朝廷给的，他们还没有蠢到要杀鸡取卵的地步。

从张居正投考生员时起，就不断有高层官员对他报以青睐。

张居正是寒门学子，上溯五代无一人有半寸功名。那些欣赏他的官员与他也毫无裙带关系，但他们擢拔人才的认真劲头，却足以令不少后人汗颜。

只有最愚蠢的官僚，才热衷于安插自己不成器的亲故。他们不怕一代代的退化，直至赖以吃饭的家什也砸在庸才的手里。

嘉靖十五年（1536），湖广学政田顼看了少年张居正的答卷，惊问荆州的李知府："太守以为孺子比贾生如何？"

李知府的回答更是夸张："贾生恐怕不及！"

其实他们所发现的这个神童，才气是否超过贾谊很难说，但他在将来的政治作为，远比三十二岁就郁郁而终的贾谊要大得多。

张居正确实很幸运。

国家在走下坡路，但文官集团里有人在试图补天。张居正就是他们找到的一块石头。

嘉靖三十八年（1559），徐阶在皇帝面前越米越得宠，官运开始亨通。此后，他每升一步，都想着拽张居正一把，两人就这么水涨船高。

嘉靖三十九年（1560），张居正从编修升了右春坊右中允、国子监司业（正六品）。前一个官名挺绕嘴，其实是虚衔，负责太子的奏请、讲读，因为未立太子，所以这仅是个虚衔，不用张居正真的去做这些事。后一个才是实职，乃是中央官学的副校长，或者说教务长，有一点儿实权了。

在他当副校长的时候，校长（祭酒）也是个不得了的人物，叫高拱。这人，同样是一个注定将来要搅动一池春水的人。

尽管徐阶在默默积蓄力量，但目前他只能隐忍，靠精心撰写青词，来加固皇帝对他的信任。

严嵩父子，权势熏天已不是一般程度。小严从一个正五品的小官，升至正三品的太常寺卿，又先后升工部右、左侍郎，当了第一副部长了。如此对严嵩公子加官晋爵，其实也就是皇帝对严嵩本人的恩赐。严嵩心里是有数的，越发搞起了"顺我者昌，逆我者亡"。

这里就要说到张居正的一个变化了，他此次返京，对严嵩十分恭顺。这个做法，与他归乡之前对徐阶怒其不争，是一个强烈对比。

为何如此？因为张居正终于懂了：隐忍，是一种最强大的力量。

此次他对严嵩，居然能够称颂道：尊敬的元翁，朝中诸人中，唯您能小心翼翼，为国家苦思，堪为栋梁。您夙夜在公，劳劳碌碌，竟然几至忘餐。

对严世蕃那个花花公子，张居正竟然也能说出：您乃天生奇才，美质堪比先贤，为公无私，严于律己，日夕从不懈怠。

以往在裕王府，张居正应该知道，照例每年给裕王府的岁赐，户部因为没有严氏父子发话，曾一连三年没给发。裕王万般无奈，凑了一千五百两银子，送给严世蕃，以作疏通。严世蕃欣然接纳，这才让户部补发了岁赐。此事过后，严世蕃毫不掩饰地向人夸耀："天子的儿子，尚且要送给我银子，谁敢不给我送银子？"

对这个无耻之徒，奉上如此夸张的赞美，这跟骂人也差不多了。

估计张居正吮着羊毫笔构思的时候，心里只有一个字——贼。

热血书生，居然也学会了韬晦！廉价的赞美文字，又不搭上什么，举手之劳的迷魂汤，他现在很愿意白送。

张居正这样做，是否太小心翼翼了？

不是，是严嵩太狠毒了。

就在张居正归山的前一年，发生了杨继盛弹劾严嵩的轰动事件。

事起那个曾在狱中诬陷过夏言的仇鸾将军。仇将军在夏言一事上搭上了严嵩的客船，节节高升。在做宣大总兵时，正是俺答南犯之时。仇将军根本不是打仗的料，畏敌如虎，竟然贿赂俺答——让这鞑靼爷随便去打哪儿都好，只要勿犯大同。结果祸水东流，直冲到了北京。

仇大将军搞了鬼，一面却又密报朝廷，说"北虏"近期有可

62

能东犯，诚恐京师震惊——皇上赶快防守吧。瞧这个乖卖的！这内部消息，当然准确。皇帝见仇鸾能事先预警，大为感动，封他为平虏大将军。

仇鸾从此深受宠爱，从严嵩羽翼下的一个"义子"，一跃而为可与老主子平起平坐的权臣，而后，又压了老严一头，干脆脱离了严系门庭，独立自主了。

严嵩哪里咽得下这口气？但他没办法，仇将军此时正是如日中天啊！

俺答退去后，嘉靖皇帝企图雪耻，便抓紧了练兵。又封仇鸾为京营和边兵的总督（最高统帅），准备北伐。

仇鸾这草包将军，如何北伐？于是他力主开马市，也就是与鞑靼展开边贸，将局势缓和下来。鞑靼三番五次来抢，无非是缺少生活用品，如铁锅汤勺之类。草原上不能制造，中原又不卖给他们，莫不成天天吃烤羊肉？

这时候，半路杀出来一个杨继盛，坚决反对开马市。他上疏弹劾仇鸾，遭下狱，受酷刑，被贬官，与仇大将军结下了仇。

严嵩却笑了，他注意到了这个不怕死的杨继盛。他要好好报答一下这个愣头青——敌人的敌人，就是我的朋友。

杨继盛，比张居正年纪略大，是北直隶容城（今属河北）人，字仲芳，别号椒山。小时候很苦，当过放牛娃。他好学、求上进，嘉靖十九年（1540）中举，进了国子监读书（监生），与张居正同年中进士，授南京吏部主事，算是个闲职的科长吧。

这个无实权的小官吏，却是个硬骨头，参奏仇鸾的时候，根本就不怕触怒嘉靖皇帝。被逮进诏狱后，受到酷刑，指断足裂，后被贬为狄道（今属甘肃临洮）典史，当了边远地区的县看守所所长兼联防队队长。

他这一贬，倒是造福了地方。好人到哪里都是好人，老杨在地方上偶然做了代理知县，就大办教育，为老百姓减税免役、开矿挖河，好事做了一箩筐。当地人纯朴，都称他为"杨父"。真乃古代的好官也。

而被他参的仇大将军，后来可出了大丑。却说马市开了以后，俺答部落中有人不大守规矩，卖给明朝人的是瘦马不说，还强行索要高价。在宣府和大同之间，玩起了黑白脸：今天在这边贸易，明天却出兵在那边抢劫，改天再反过来。甚至"朝市暮寇"，早上卖了，晚上再抢回去。

这哪里是贸易，这不是玩人吗？

嘉靖大怒。仇大将军见马市失败，怕皇帝怪罪，只好建议自己率兵去教训教训这些不懂规矩的家伙。嘉靖允了，仇鸾便战战兢兢上了路，一心只想拖，拖过去便算。

严嵩又奸笑了，他要为这个忘恩负义的"义子"催命。怎么催？有办法，舆论是可以利用的，于是就唆使群臣频频请旨——赶快打呀！

此时从大同到辽东，一连串的边将，战死的战死，被撤的被撤，明发的圣旨又一道接一道地催。仇鸾无法，只好冒险袭击俺答，哪知道中了埋伏，被两队人马夹击，一通砍杀。

仇大将军见状，拨马便跑。大军哪里还有斗志，也都跟着撒丫子逃命。

等到敌人退去，斥候（侦察兵）来报："大帅，刚才只是俺答的游击队，并非大部队，请大帅不必惊慌。"

仇鸾羞愤难当，喝退了斥候。忧心忡忡之下，病倒了，竟生了一个背疽。

大帅生病了，仗却不能不打。嘉靖急了，要找人暂时代仇鸾征讨，便派人去收他的将军大印。仇大将军舍不得大印，一急，竟然背疽发作，一命呜呼了！

仇鸾一死，他纳贿通敌的事，自然也包不住了。嘉靖早知道他也不是什么好东西，查实了以后，大怒，将草包将军开棺戮尸——死了也得挨千刀。又抓了他的父母、妻子、亲信，统统斩首。随后布告天下，立罢马市。

嘉靖想想，当初那杨继盛也是够冤的，至今还委屈在甘肃，便开了恩，把老杨从县看守所所长的位置上提拔起来，连续四次升迁，最后，当上了兵部员外郎，是个司局级了。严嵩自然也要说好话，又将他调入兵部武选司。这衙门，是个选拔卫所武官的人事部门，权力可是不小。

严嵩有意笼络这个敢说话的直臣，在他协助下，杨继盛一年之中（其实只有几个月）四次加官，简直是现实中的神话了。

但杨老先生不是那么好腐蚀的，他从南京到京城兵部上任时，走在路上，就有了大胆的想法。他认为，升得这么快，真乃皇恩浩荡，史上罕见，一定要舍身图报，做个大大的忠臣。

环顾天下，如何报国？看看大明的官员们吧，都成什么样子了？贪官如狼，恨不得一口吞下一个宝钞司；昏官如猪，只知道胡吃海喝、安插亲信；淫官如驴，就忙着广置华屋、供养小妾……这一切败象，都是由首贪严嵩造成的。再这样下去，国将不国了。

他一路走，一路就拟好了弹劾严嵩的奏疏。苍天在上，我要与这贼子来一场对决！

严嵩哪里知道这个，按他的思维，上司朝你微笑，你感激涕零都来不及，哪能恩将仇报？他算定了杨继盛能为他所用，让小严在家中设宴款待老杨。礼贤下士，嘘寒问暖，意思是很明白的：你上不上我的客船？

那时小严已是京中最炙手可热的人物了，人呼"小丞相"。寒冬腊月里，在严府受小丞相招待，吃涮肉，全北京能享受这待遇的，仅两三人而已。谁能不受宠若惊？

然而那杨继盛，却是个慷慨之士，吃是吃了，但嘴不短。吃饭的时候，袖子里就藏着弹劾严阁老的奏章。

他在暗笑。

——你们就吃吧，看你们是否能一直吃到地狱里去。

杨继盛的老妻张氏，是个明事理的人，不同意老杨再折腾了。她劝阻道："参个仇鸾，就把你差点儿搞死。那个老严嵩，一百个仇鸾也是敌不过的，你这又是何苦？"

杨继盛慨然道："我不愿与这奸贼同朝共事，不是他死，便是我死！"

嘉靖三十二年（1553）正月十八日，奏本终于递上。这就是赫赫有名的《早诛奸险巧佞贼臣疏》。

这是明史上的一篇金石之作。

古今第一言官的伟业，就此铸成。

朽木撼动，浊水倒流！大明假如有十个八个杨继盛，哪里会有这贪官遍地、豚犬当道的景象？

天不弃我族，天不弃大明，将这好男儿生将出来，在天地间，吼一声："时日曷丧，予与汝偕亡！"天呀，你瞎了眼吗？让我与你一起死吧！

天下读过孔孟的高官，车载斗量。但是，谁敢？谁肯？谁能有这良心？

说巧不巧，就在老杨上奏疏的前夕，严嵩又差遣严世蕃，送来了精美折扇一把，上有严嵩手迹。老家伙开始玩风雅的了。

杨继盛却感到，此乃他一生的奇耻大辱，这有何风雅？我是要与你不共戴天！当即誊清了奏稿，斋戒三天，回心静思，决意以天下社稷为重，以一死换来朝堂上的清明。

此时，距老杨到兵部上任才一个月。荣华富贵，他早已视若粪土了。

这篇奏疏，可谓语语痛切、字字呜咽。读之，不由人不动容。

当然，也不见得所有人都会被它打动。也许有那十分想躁进的人，长袖善舞，学严嵩还怕学不地道呢，怎能为一篇文字所动？

但杨先生的奏本，是真的把严嵩的斯文外衣扒了个干净。"十大罪"，刀刀见血，尤其是第九条、第十条，即使今人见了，也不能不连呼痛快。

先看兵部职员杨继盛诉严老贼第九大罪——失天下之人心。他说，严嵩老贼一人专权，天下受害，怨恨满道，含冤无申，人人思乱。老贼把持吏、兵二部，是因为有大利所在，用人不分贤与不贤，唯论银之多寡——想当官，你就拿钱来吧！

杨继盛控诉道：为了行贿，将领就只能盘剥军士，造成军士逃亡。文官为了行贿，就死命地搜刮百姓，迫使百姓四处流窜。军民怨恨到了这种程度，怕是天下之患不在什么"北虏"，而就在朝中。

第十大罪——坏天下之风俗。他说：严阁老不严于律己，以马屁讨好上边，以贪污带动下边。自古以来风俗的败坏，没有一个时代比现在更甚！严老贼是首辅，是百官万民的榜样，首辅好利，天下也就因此贪污盛行；老贼愿意听好话，天下也就因此崇尚阿谀。老贼一人贪污，致使天下贪污成风。

只要你勤跑，勤递红包，你就是贪得如盗贼一样，也能推荐升官；你要是不跑不求人，你就是廉洁模范，像伯夷叔齐靠吃野菜过日子，也给你拿掉乌纱帽。世事已经昏乱到如此地步了：守法的，叫呆子；善于溜缝的，叫有才；廉洁耿直的，叫过激；热衷于跑官的，叫干练。卑污成套，牢不可破，虽英雄豪杰，亦入套中。

——这个套，分明就是民族正气的绞索，是社会良知的催命符。杨老先生的檄文，锋芒毕露，正气凛然，即使在四百多年后的今天，也让人读出一身汗来。

"十大罪"如此，杨继盛接着列出的严贼"五奸"，就更是剑剑封喉。

我们来看他写的——皇上之左右，皆贼嵩之奸谍；皇上之近侍，乃贼嵩之拦路犬；皇上之爪牙，乃贼嵩之喽啰；皇上之耳目，皆贼嵩之奴仆；皇上之臣工，多贼嵩之心腹。我的皇上呀，你又怎么能做出正确的决策？

老先生最后更是疾呼：我皇英明，你怎么就不能割爱一个贼臣，难道忍心百万苍生就这么生灵涂炭吗？

您老人家要是不信我说的，可以去问二王（裕王、景王），让他们俩给您细说分明。您也可以去问问各位阁臣，让他们别怕严嵩，尽管讲真话。

皇上啊，皇上，您就把严嵩用重典，以正国法了吧，不然让他退休回家也可以。那么，我们的国家总还能像个样子。这内贼一除，朝廷可就清了，大明的天下，才算是见着亮了呀！

老先生泣血上疏，一片忠心。他知道皇帝不一定相信，但万没料到，朝上奏折，暮入诏狱，这风云变幻得也太急了！

原来嘉靖皇帝看了后，不为所动，只恼恨杨继盛又犯了老毛病，事事多嘴。但他这次发现了特别敏感的问题，就急召严嵩入内，把折子交给严嵩看。

严嵩强作镇静，接过杨继盛写的奏本，擦着一脑门的汗，读了一遍——哦？他也看出问题来了。

本来，嘉靖看了奏折上骂严嵩的话，倒还没怎么生气。骂严嵩的折子年年都有，且多半证据确凿，估计嘉靖早已经麻木了。他震怒的是，杨继盛的奏疏里提到了"召问二王"，这在专制王朝里是犯大忌的事。

自从西汉的"吴楚之乱"和西晋的"八王之乱"之后，历代藩王的地位就有点尴尬。因为他们既是皇族同胞，血浓于水，又是潜在的篡逆者。要想造反，由他们出面最有优势，因为大家血管里都流着先皇的血。有时老皇帝驾崩，无嗣或未立太子，大臣和皇太后也是要选一个藩王入继大统，成为新皇帝。

明朝对付亲王的办法是硬性的制度，小王子一成年，就把他

69

们统统撵到封地去（正式的叫法是"之国"），而不能留在京城。总之，华屋美食，供养得好好的，在地方上为非作歹也不管，但就是不得参与地方军政。朝中官员要是"交通藩王"（与亲王交朋友、通消息），那就是大逆不道。

如今，嘉靖未立太子，两个儿子裕王、景王，都还是嫡亲藩王，任何一个，将来都有继位的可能。

严嵩人老，眼睛可尖，一眼看出杨继盛奏疏的软肋所在。看完了他就退下，考虑周全后，立即给皇帝上了一道密疏，说："杨继盛这是胆敢交通二王，诬陷老臣我，皇上您做主吧！"

嘉靖本人，就是由藩王入继大统的，所以他在这方面特别忌讳。

这一对儿君臣，也真是够默契的——心理阴暗之人，往往有很奇怪的一致逻辑。老严的这句话，果然激怒了嘉靖。他下旨把老杨逮了后，命法官往死里拷问："为什么要把二王拉进来？"杨继盛抗声答道："除了二王，满朝还有谁不怕严嵩？"一针见血，把法官堵得没话说。照此汇报上去之后，不出所料，下旨杖一百。

杖一百，就是打一百下屁股。

这是明代的混账规矩——脑袋出问题，要屁股来负责。

一百下，非皮开肉绽不可。有朋友担心老杨熬不住，给他送进去了蚺蛇胆，喝了可止痛。杨继盛断然谢绝，昂然说道："我自有胆，要这玩意儿干什么？"

果然，行刑过后，惨不忍睹，两股之上，碎肉片片。老杨是个硬汉，半夜苏醒，疼痛难忍，就打碎一个瓷碗，用碎片把腐烂的肉割下，烂肉没了，筋又垂下来，又用手把筋扯断。给他掌灯的狱卒，看得心胆俱裂，手抖得差点把灯打翻。

然而，杨继盛意气自如。

真是个铁打的汉！

杨的案子，后来移到了刑部，皇帝让刑部给定案。刑部侍郎王学益是严嵩的儿女亲家，受了老贼指使，想以假传亲王令旨的罪名，判一个绞刑。而郎中史朝宾却是正直之人，只认死理，他认为，"召问二王"和"假传亲王令旨"根本是两码事。

天下还有这样不识好歹的？结果，严嵩立刻让史朝宾滚到高邮去，当判官（从八品）。这一番杀鸡吓猴，刑部尚书何鳌这只猴，可是给吓得不轻，乖乖按严嵩的意思，把老杨判了死刑。

但嘉靖还真是不想杀老杨，把他一关就是三年。这过程中，朋友为之奔走的不少，舆论也越来越大。就连严的喽啰、国子监司业王材，也顶不住舆论的压力，来为老杨求情。严嵩略有犹豫，但另有党羽鄢懋卿却撺掇说："老太公啊，你可不要养虎遗患！"

严嵩想想，把脚一跺："好好，我也顾不了那许多了！"什么舆论，什么众议，能拿我这首席大学士怎么样？

老贼又玩起了阴毒的。姓杨的，不就是因为皇帝心慈不想杀你吗？我就给你再烧一把火。

杀杨，确实还得动动脑筋，因为皇帝还没起杀心，但是严嵩自有办法。这也不奇怪，所谓权臣，就是能让皇帝按他的意思办。

正在此时，严嵩的"义子"赵文华，奉命到东南沿海视察海防。明朝时候，除了"北虏"以外，南边还有"南倭"，也就是倭寇，为患一时，闹得朝廷头都大了。赵文华就是去视察抗倭前线的。

不过，严嵩的"义子"，还能有什么好东西？

这个人，正是杨继盛所痛骂的严贼手下的"拦路犬"。严嵩安排他当了通政使，也就是皇帝的秘书，专管收发奏章事宜，随时可以通风报信。

赵文华在巡视的时候，与兵部侍郎、总督两广军事的张经闹起了矛盾。赵文华嫉贤妒能，上奏诬告，说张经等人屡误军机。由于内廷有人，所以严嵩比皇帝先一步拿到奏章，他看罢，估计张经此番是一定要掉脑袋了，就提笔写了几个字，把杨继盛的名字，附在了张经等人的后面。

嘉靖果然着了道，看了一眼，批了，下旨把杨继盛随同张经等人一起杀掉！

可怜那张经，刚在嘉兴前线打了个大胜仗，斩首一千九百八十级。这是明代抗倭以来，从未有过的大捷。悲剧再次重演——赴京报捷的兵卒，与前去逮张经的锦衣卫，在官道上擦肩而过。

杨继盛的老妻张氏，深明大义，要到午门去告御状，愿代夫一死。她是个妇道人家，当然不允许去午门，折子是托人转递上去的。最后自然是被严嵩扣下，全无回音。

嘉靖三十四年（1555）十月二十九日，杨继盛在北京西市刑场就义。

先生慷慨赴死，戴镣长街行，在刑场赋诗一首："浩气还太虚，丹心照千古。生平未报恩，留作忠魂补。"

可怜啊！

死时，四十岁整。

血落如雨，整个大明寂然无语。

当时有位大名士在场，就是刑部主事王世贞。他不顾四周鹰犬环伺，当场为志士放声大哭。

待刑毕，王世贞又以官服盖在杨继盛尸身上，抚尸痛哭，悲声大作，直将生死置之度外。

——既然活不好，死，又有什么可怕?

第七章

千夫所指就别想有好结局

古人常讲"月满则亏",用来比喻人事上的变动。月满则亏是自然规律,可以理解;但人事上的变动,有什么道理?没有道理。有些事往往就是没道理。就在严嵩父子气焰熏天时,事情开始发生了逆转。

嘉靖皇帝对老严表示不满了。

事情的起因,不是缘于严嵩太贪,皇帝的好恶哪里能等同凡人?他是嫌严嵩老糊涂了。

诸位一定还记得老严当初是如何得宠的——撰写青词。嘉靖在位后期,修玄修得走火入魔了,避居西苑,不理朝政,天天与太上老君对话。他就好这一口。

每逢他有了跟太上老君沟通的灵感,或者要对政务发话,就随手写个条子,叫太监传给严嵩去办。

这个嘉靖皇帝,写的条子有个特色,就是言简意赅,几近灯谜。

想要领会上意,太不容易了!再加上严嵩害死夏言之后再做首辅时，已经七十岁了，脑筋开始犯糊涂，皇帝传出来的条子，他多半瞠目不能解。究竟是什么意思？猜不出了。

老家伙之所以始终没露馅，仍恩宠不衰，靠的只是严世蕃。条子来了，都是严世蕃揣摩其意。小严鬼精灵，每猜必中，然后严嵩根据上意，写出奏答或青词，嘉靖没有不满意的。

这就是史上所说的，皇帝不能一日无严嵩，严嵩又不能一日无其子。

本来，这条生物链还可以长久无事。杀一个老杨，就是要让那些不识趣的，在二十年内乖乖住嘴。可是正当这时，有一个人死了。

死一个人而发生大转折的事，在明代朝政中是经常有的。

死的这位，是严嵩的夫人欧阳氏。这权奸一家，就一个老夫人还算是个好人。她治家很有法度，见老严贪得不像样子，每每劝谏："你忘了钤山堂二十年的清寂吗？"

钤山堂是严嵩早年不得志的时节，隐居读书的地方，就在他的家乡。那时候他颇有清誉，天下众望所归，正经是个很不错的君子，可惜后来腐败了。

嘉靖四十年（1561）五月，欧阳氏病故。按礼制，严世蕃应该护送棺材回原籍，在家乡守孝。

这一来，老严着急了：儿子一走，那皇帝的谜谁来猜啊？便恳求嘉靖说，自己年老了，得有人照顾，能否让孙子严鹄代替守丧。皇帝准了，严世蕃可留在京城守孝。

老夫人平时管不了严嵩，但把严世蕃管得死死的。这回她撒手西去了，严世蕃怎能不喜上心头？史书上说，他在丁忧守孝期间拥姬狎客，日夜淫乐于家。

那年严嵩已经八十一岁了，还天天守在西苑值班室，伺候着嘉靖修玄，经常是连月回不了家。以往的票拟，有小严来代笔，现在小严有热孝在身，按规定不能进大内。皇帝的条子一来，严嵩就急忙飞札走问，也写个小条子，派人去问严世蕃。

问题就出在这里。严世蕃一共娶了二十七个妻妾，说是仿古制——"二十七世妇"。估计每月一天一个，另外有三天休息，哪还有工夫帮着老爹写材料？飞札一到，他就胡乱应付，有时抱着歌姬喝醉了，竟无法动笔。

此时太监就在值班室，频频催促老严快答复。老严无奈，只好自己琢磨着写，有时写好了觉得不对，又把草稿追回来重拟。拟出的稿子，这回是皇帝看不明白了，有时逻辑还前后矛盾。青词也是找人代写的，文采上自然要差多了。

嘉靖老大不高兴：廉颇老矣，谜都猜不好了！

随后，又听说严世蕃守孝在家淫乐，这还了得？嘉靖对这父子俩就起了厌恶之心。

严世蕃对礼教的恣意败坏，拉开了他们家族悲剧的序幕。

读《明史》的时候，读到这对父子的诸般劣迹，人们往往会有这样的疑问：恶事干得太多的人，清夜扪心，他们的良心会安吗？

也许根本就不该问——他们从来就没有良心。

但是，他们能够感到安全吗？

严嵩父子的跋扈，让那些想捞好处的人纷纷跑来攀附。其党羽们的阵容，固然是声势浩大，但这些人只为利来，利尽就散伙，根本别指望他们在危难时刻能捍卫主子。相反，严嵩搞的那一套逆我者亡，却有一个意想不到的效果，就是使一些正直的人，为了自保而结成了牢固的同盟。

恨严嵩的人们随时在窥伺、在酝酿，互通信息，寻找着庞然大物上的任何一条缝隙，而且是前仆后继，非要置严嵩于死地。

这些人，就是一道清流。

要在这世上建成乌托邦，人人都成圣贤，固然是不现实；但要想让这世上的清流绝迹，迫使人人都丧了良心不发一语，那也同样办不到！

在杨继盛"文死谏"之前，有锦衣卫经历（文书）沈炼早已上疏，极言严嵩贪婪之性，疾入膏肓；愚顽之心，顽于铁石；索贿鬻官，贪婪愚鄙，是十足的败类。

嘉靖不听，下诏将沈炼廷杖并谪官。严氏父子对沈炼仍怀恨在心，几年后，指使党羽寻机陷害，终致沈炼被斩。沈炼的三个儿子，两个被打死，一个被发配边地。

又有御史（监察官）王宗茂，履职才三个月，就不顾身家性命，弹劾严嵩"八大罪"。

皇帝又不听，将他贬为县宰。严嵩借机夺去王宗茂父亲的官职，致使其父含愤而死。

与杨继盛死谏同一年，又有南京监察御史赵锦，在云南上疏弹劾严嵩乱政，疏文一时间传诵四方。

他上疏说：大学士严嵩乃奸佞之雄，善于逢迎之巧，买通皇帝您的左右亲信，凡陛下有什么动静，他无不先知，所以做事当然让您老人家无不满意。文武大臣们官职升得快慢，得官还是丢官，全看贿赂多少。有那一伙想攀附他往上爬的家伙，自贬身份，对自己的称呼，已经到了不伦的程度，廉耻扫地，我甚至没法说出口（估计是自称"犬马"之类）。严嵩辅政以来，只讲恩怨，只顾受贿，群臣怕中了他的阴招，有忠言不敢直说。四方都习惯了贪污之风，致使百姓日益愁困。天下之势，其危如此，若非嵩之奸邪，何以致之？

嘉靖还是不听，将他从云南逮回，下诏狱拷问，贬斥为民。

屡仆屡起，屡败屡战，这股清流，就是不肯罢休。连严嵩及其喽啰，也觉得安全确乎有问题。

问题说来就来了。自从严世蕃守孝之后，嘉靖皇帝有什么秘密话，都舍弃严嵩而去问徐阶。不久，就加了徐阶太子太师的荣衔（从一品）。

这是一个信号：风向要变了。

恰在此时，又有两件事对严嵩极其不利。冥冥中是有天数吧，倒严的大潮，已经波澜迭起……

天意从来就难测。

嘉靖四十年（1561）十一月二十五日，西苑突如其来发生一场火灾，引发了清浊两股势力在强弱上的微妙变化。

嘉靖在西苑已经住了十九年，彻底住习惯了。以前，他是住在大内乾清宫的，那里才是他该住的地方。那么，为什么要搬出来？原来是给吓住了。十九年前的那一年冬，一天晚上，嘉靖服过了仙丹，想在人间也找一找神仙的乐趣，就跑到万安宫曹端妃那里逍遥。一个曹端妃还嫌不够，又叫了一个王宁嫔。到半夜，以杨金英为首的十六名宫女，因平时经常受到嘉靖的暴虐责罚，心怀怨恨，串通了有同样遭遇的王宁嫔，密谋杀死皇帝，打算把嘉靖用绳子勒死。

当时的场面十分恐怖。不过，由于受害人是素来尊贵的皇上，所以也很搞笑，嘉靖的嘴被黄绫抹布塞住，脖子被绳子勒住，喉咙咯咯作响，眼球向外凸出。宫女们下手时，到底是心慌，急切中，竟然把绳子打了个死结。结果，怎么也勒不死嘉靖。于是众宫女急了，纷纷拔下头钗，往他胯间那个要害地方乱刺……

看来，贱婢之怒，也是了不得啊！

其中一个丫头，见皇帝不死，忽然胆怯了，临阵脱逃，跑去告了密。方皇后闻讯，急忙带人来，救下了嘉靖一条命，所有的涉案人员，都被当场拿下。嘉靖丢了颜面，自是震怒异常。随后，方皇后领旨，立刻主持拷问。皇后看不惯这些狐媚子已久，正好公报私仇。第二天下懿旨，一个也不留，统统千刀万剐，包括王宁嫔和并不知情的曹端妃，还有那个告密的宫女。

这就是震惊天下的"宫婢之变"。嘉靖还专门为此事，布告天下臣民，以安人心——真不知他是怎么把话给说圆了的。

这一次西苑起的大火，也是在后宫逍遥惹出的祸。当晚，嘉靖和新宠嫔妃尚美人，半夜三更在貂帐里玩烟火，一不小心点燃了帐子。宫人扑救不及，一把火，把永寿宫烧了个干干净净。皇帝玩的花样儿，总是这么匪夷所思。

寝宫给烧了，就只好暂住玉熙殿。玉熙殿的地方又小又潮，皇帝住得不大惬意。大臣们就建议，干脆搬回大内乾清宫去住算了。嘉靖不同意：那地方？不去。心理阴影尚在，受不了。再说，那是历朝老皇帝驾崩的地方，太晦气。活神仙的日子，还没有过够，坚决不去。但是，事情总要解决，于是他把严嵩、徐阶叫来商议。

严嵩当然不敢提搬回大内，就说：既然各处都不方便，那么，就搬到"南内"去吧。这个南内，是过去英宗当了瓦剌的俘虏，放回来后被幽禁的地方。这地方，在政治上很敏感。估计严嵩确实是老糊涂了，说这话时没过脑子，一句话，犯了大忌。嘉靖一听，这是什么主意？要让我做废帝吗？心里老大不高兴，于是转头又问徐阶。

徐阶此时赔着十二分的小心，正在和严嵩暗斗，头脑清醒得很。他知道皇帝是舍不得离开西苑，因为在这地方装神弄鬼比较方便，就提议说：工部尚书是个能干的人，让他在原址上再造一座新的寝宫，不就成了吗？几个月就可以办到。

嘉靖听了，大为高兴，立即任命徐阶的儿子徐璠，做了工部的吏员，充当新建工程的包工头。小徐接了活儿，不辱使命，到第二年春，新居建成，皇帝亲自改名为万寿宫。

新居很对嘉靖的胃口，对徐家自然有赏。不久，徐阶加了"少师"衔，位列"三公三孤"的三孤之一（明朝至此时，尚无活着的大臣能够位列"三公"），可谓位极人臣。连带着，小徐包工头也跃升为太常寺少卿（正四品）。

自此，徐、严两家的力量对比发生了根本的变化。

徐阶隐忍十年，就在寻找这样一个时机。他于嘉靖三十一年（1552）就以礼部尚书职入阁，成为阁老，虽是末位，但前途无量。到此时取代严嵩为首辅，已是时间早晚的问题。如今，凡有军国大事，嘉靖都是问徐阶；对严嵩，只有装神弄鬼的时候才想得起来。

大明的官员中，也许有一类人，他们没有一件事能做得利落的，甚或连几句官场的套话也说不清楚，但对于人事变动却超级敏感——全部的聪明，都用到这上面了。徐阶的上升，严嵩的失宠，不用谁来说，很快明朝人都知道了。

严嵩就是再糊涂，也感觉到了形势的严峻，他不能不考虑退路，若继续打击徐阶就是找死了。于是他又来能伸能缩的那一套，摆了家宴，恭恭敬敬把徐阶请来，命子孙团团跪拜在徐阶面前。然后，他举起酒杯，满怀诚意地托付徐大人：“我严嵩旦夕就将死了，此辈小子，唯公可哺乳之。”

老贼，也有今日！这样的话，居然也说得出口——我知道自己活不长了，这帮小子，只有认您老人家为奶妈了。

然而，徐阶不是夏言，夏言的教训他记得牢着呢，此时只是佯装惊讶，把小崽子们逐一扶起，温言相慰。

有道是，恶人自有恶人磨。不错，缩头缩了十年的徐阶开始出手了。这时候发生的第二件事，就是他借助道士蓝道行，对严嵩发动了第一波攻击。

蓝道行，山东人，既通道术，又习阳明心学。最长于扶乩之术，就是咱们所说的“装神”，能请来神仙的意旨，这方面素有盛名。他与徐阶有着盘根错节的关系，在关键时刻，徐阶把蓝道行推荐给了嘉靖，进西苑去预言祸福，所言无一不中。

本来就相信鬼神的嘉靖，看蓝道行弄了三两下，就服了，待之若神明。太监们更是有求于他，皆称他为“蓝神仙”。

嘉靖迷恋修玄，“蓝神仙”无所不能，这位老道士，本可以借此享清福，但此人心中尚有正义感，见不得民间疾苦与朝中的不公，于是利用特殊身份，见机行事，对严嵩痛下杀手。

据说，嘉靖皇帝与他，有过一次非常关键的对话。

嘉靖扶乩问卜，问大仙："现在天下何以不治？"

蓝道行以大仙名义答道："只因贤未进用，不肖未退。"

嘉靖问："谁是贤臣？谁是不肖？"

大仙答："贤如辅臣徐阶、尚书杨博，奸臣就是严嵩喽。"

嘉靖又问："严嵩固然是奸臣，但是上天为何不灭他？"

大仙答："上天要真是灭了他，那么用他的人罪过就大了，所以没灭（您自己看着办吧）。"

这一忽悠，大起作用，嘉靖心里一动，不再问了。此时，他罢黜严嵩的决心已下，就等找个合适的机会了。

天心回转，机不可失！言官们见严嵩地位动摇，便都跃跃欲试。第一个站出来的，是御史邹应龙（这名字取得好，真龙天子想什么，他就来什么）。

嘉靖四十一年（1562）春，春雨潇潇，真是个让人心旷神怡的好天气。持续了十五年的"严冬"，似乎就要结束了。

邹应龙给了严嵩致命一击，倒并不是出于徐阶的授意，他一向就是个秉公执法的好官，对严嵩早就恨之入骨。不过，这次下手之前，干还是不干，他是有过犹豫的。严嵩毕竟还不是纸老虎。就在四年前，刑科（司法系统监察组）和刑部有吴时来等三个小吏，于同日分别上疏，参奏严嵩受贿卖官、破坏边防等恶行，没扳动严嵩，反被流放到边远地区。因为几人皆是徐阶的门生故旧，所以才不至掉脑袋。

此次要是出头倒严，万一不对皇帝的心思（我养的恶犬，你踢就不行），那也免不了要流放三千里。

最终，据说邹应龙是从梦中得来灵感，梦见一箭就能射垮严嵩这座大山，于是他连夜疾书奏章，天明就递了上去。

这份奏疏，比较讲究策略，并没有主攻严嵩，而是重点打击他的软肋——为虎作伥的严世蕃。

他说：严家小子凭借父权，擅自卖官，广收贿赂，致使官员选拔法完全败坏，卖官居然公开叫价。因为有一批小人趋炎附势，竟然把价钱给步步抬高！刑部吏员项某人，花了一万三千金转到了吏部任职；举人潘某人，以二千二百金得了个知州。部里和各郡的小官，动不动行贿以千计、以万计，公卿大佬就更不知要花多少钱了。平时从中担任买官卖官经纪人的，居然有一百多人。其中，严首辅的孙子、家仆、幕客（帮闲师爷）尤为猖獗。

以仆人严年为例，士大夫中有些无耻者，竟称呼他为"鹤山先生"，首辅过生日，他居然能拿出一万金的寿礼。跑腿儿打杂的都富到如此程度，主人又该如何！尤为骇人听闻的，是严世蕃在丧母期间，聚嫖客，抱歌姬，长舞酣歌，人纪灭绝。现在天下水旱频仍，天灾连连，南北多警，外寇进犯，但严氏父子，只知日日搜刮。中枢、地方各种衙门，无不将民脂民膏搜刮一空，以填他们父子俩的欲壑。如此干法，民安得不贫？国安得不病？天人灾变安得不迭至？

英明的皇帝，请您立斩严世蕃的头颅，悬之于市，以作为人臣不忠之戒。要是我上述有一句话失实，甘愿受刑抛头颅。此外，严嵩溺爱恶子，受贿卖官，也应立刻打发他回老家，还我们一个清廉的政治空气。

这些话，都是老话，说了十多年了，嘉靖只是充耳不闻。可是这次，见效了。嘉靖阅奏后，勒令严嵩致仕，将严世蕃等下诏狱。

——不要脸的，你终于翻船了！

五月十九日，诏旨一下，举国欢腾。

一般说来，草民百姓，一生平淡如蓬草，唯有三件事能让他们欣喜若狂：一是连绵多年的战事以我方胜利而告终（就像"剑外忽传收蓟北"），二是旧主溃逃、新朝崛起（就像"满城尽带黄金甲"），三是奸臣垮台、万象更新（就像"忽如一夜春风来"），那种解脱感，确实无以言表。

罢官一个月后，八十三岁的老严嵩蹒跚离京，回老家袁州（今属江西宜春）去了。浮华一梦，尽皆成空。这条回乡的路，不大好走啊！

严世蕃被判流放雷州卫，那地方，离天涯海角也不远了。其余孙辈，以及邹应龙折子上点到的恶仆帮闲，系狱的系狱，充军的充军。那两个花钱买官的项某人、潘某人，也没跑得了，一个死于狱中，一个充军边远卫所。

自此，徐阶顺理成章执政，内阁基本上由他说了算。一坐进原来严嵩的值班室，他就贴出标语："以威福还主上，以政务还诸司，以用舍（用谁不用谁）刑赏还公论"，显示出新气象来。

当然，他还在思考，严嵩这个百足之虫，还没有僵，还要设法再给他来个致命一击。对付恶人，就不能讲妇人之仁。

张居正过去曾经对徐阶的忍让颇为不满，在回乡前的告别信中，甚至有所暗讽。但是徐阶不为所动，坚持蜗牛战略，终于看到了对手败亡。张居正现在当然很服气了，更加留意徐阶的处事之道。徐阶对张居正的器重，是始终如一的，有意保护他不卷入任何政争，只留在幕后，冲冲杀杀的事，决不让他干。

张居正自然明白老师的苦心，也决心有朝一日要大干一场。

狂歌裛裛天风发，未论当年赤壁舟。

佳辰已是中秋近，万里清光自远天。

这几句诗，写于严嵩垮台的当年秋天，为安慰落榜友人而作，也算是有一番鸿鹄之志吧。

朝局在一步步地好转。

徐阶不愧是一代名相，当政之后，平反了一些冤案。嘉靖一朝原先的戾气有所缓和，锦衣卫不再频频出动，人们为了国事也敢于讲话了。对付嘉靖，他也有办法加以疏导。皇帝的乖僻性格，慢慢也有所改变，对徐阶，竟然诚恳如家人。

但是另一边，严嵩还在家里做着东山再起的好梦，不时给嘉靖送去点儿祝寿颂词，又请老相识道士蓝田玉，为皇帝"招来仙鹤"以示吉祥。嘉靖念及老严几十年的苦劳，流露出有所不忍，特降旨嘉奖，还赏了老严银两、绸缎等物。

严嵩见事有可为，便指使孙儿严鸿，向皇帝近侍行贿几千万金，设计构陷蓝道行。结果蓝道行被下狱，死在狱中。瘦死的骆驼比马大，垮了台的严嵩，居然成功地报了一箭之仇。

严世蕃也没有去卫所报到，而是在半路上潜回了老家。他不

85

思悔改，反而收留亡命徒，抢女人、劫商旅，横行不法。又召集了工匠几千人，大造府第。

此事被南京巡江御史林润得知，就上疏称：严世蕃收留江洋群盗，日夜诽谤时政，蛊惑人心。又以建屋为名，召集勇士四千名。市面上人心惶惶，都说要出大乱子，形势难以预料。

嘉靖看到折子里说严世蕃居然要谋反，不禁震怒，立即下令，第二次逮捕严世蕃，解到京城问罪。

其实，谋反是不大可能的，工匠也不是什么勇士。但是，不用这阴损一招，又怎能斩草除根？诸臣把严嵩的那一套，也学得差不多了。

严世蕃却不怕，在监狱里放了话出来："任他燎原火，自有倒海水！"

他凭的什么呢？

在这最后的格斗中，已是严世蕃在与徐阶较量。那老严嵩害人的本领，也不过是倚仗皇帝恩宠，暗地里做手脚害人。一旦摆出堂堂之阵，倒也看不出有什么作为。

严嵩下野，严世蕃逃回原籍后，严家最忌惮的，是徐阶。那徐阶知道事情尚未完成，照旧示之以弱。严嵩派亲随去徐府打探，徐阶只说："没有严公，哪里有我今日。忘恩负义的事情，我做不来。"并且连连致信问候，一如往昔。

这俩不仅瞒过了严嵩，连聪明绝顶的小严也着了道，松口气道："徐公不会毒害我。"从此在家中招兵买马，肆无忌惮。

老徐大概只在心里笑吧：不如此，你们怎会在临死前猖狂一跳？我又怎能抓住把柄"毒害"得了你？

待小严昏头昏脑，进了诏狱，方醒悟是上了徐阶欲擒故纵的当，但他自有主意。在监狱中接见严氏旧党，密嘱："贪污一事，皇帝不在意，死不了人，你们放心好了。聚众造反，查无实据，有司不敢硬来。你们可以当众吹风，让法官在定案奏稿上删去谋反一节。告诉他们，杨继盛、沈炼案才是关键，不列入罪状，岂能扳倒严氏？"

喽啰不解，小严便又笑道："杨、沈两案，毕竟是皇上主裁，要翻案，那就是揭了皇上的面皮，触怒天颜，我等自然可以解脱。"喽啰们这才恍然大悟。

一提起要为杨、沈翻案，京中群情振奋。刑部尚书黄光升等"三法司"（即刑部、都察院、大理寺）的主官，果然中了严世蕃的计，将杨、沈两案写入罪状，拟成奏稿，准备要搞死小严。

为此，他们三人前去向徐阁老讨教。徐阶要过草稿来看，看罢一笑："法家断案，谅无错误。请你们进内厅里来谈。"

进得内室，屏退左右，关好了房门，徐阶问："你们的意思，是想救严公子活命吗？"

三人争相答道："小严一死都抵不了罪，岂能让他活？"

徐阶便问："既然想要小严的命，那么为何要牵入杨、沈两案？"

大理寺卿张守直答道："用杨、沈事，正是要他抵死罪。"

徐阶笑道："杀杨、杀沈，都是严嵩巧用皇上的旨意。可是皇上英明，能承认自己不对吗？你们这奏章一上，皇上必然疑心三法司要借本案，张扬皇上的过错，他肯定要发脾气。你们这几位，恐怕就有不测。反倒是那严公子没事，可骑驴款款出都门去了！"

三法司主官这才如梦方醒，连忙请徐阁老示下。徐阶便拿出自己早写好的草稿，让三人看。三人看过，不由得叫好。当即请徐府的文书誊清，三人盖了大印，封好送上去了。

　　徐阶的这个稿子，只字未提杨、沈冤案，重点有三个：一是说严嵩的亲信罗龙文与有名的倭寇头头汪直"交通"；二是说严嵩听信江湖术士的话，以南昌有王气，造起豪宅，规模不输于皇宫；三是说他勾结宗人朱典楧（皇族，第七代伊王），查探皇帝日常诸事，窥伺非常机会，聚集亡命徒，北通"胡虏"，南结倭寇，诱致外兵，共相响应。

　　这次嘉靖感到十分震惊，令再次核实。

　　嘉靖不愿意被臣僚蒙蔽，很难相信严阁老会狂妄到如此地步。

　　徐阶揣着圣旨出了长安门，叫了三法司的主官到自己家，再写奏本。奏曰：事已勘实，其交通倭寇，潜谋叛逆，具有显证。请亟正典刑，以泄人神之愤！

　　密室定案书，就这样出笼了。可怜权奸严嵩，做梦也想不到自己会"交通倭寇"！

　　徐公的这次谋划，连同书吏在内，天地间只有五个人知道，断无任何泄露的可能。历朝的政治，多出于密室，就是类似于此。严世蕃在狱中，哪里能知晓其中内幕，只是听说黄光升等拟的奏疏已将杨、沈案列入，不由大喜。按照他以往对皇帝心理的揣摩，折子上去，不出十天，他就可以骑驴出城门了。

　　他与同案的罗龙文关在一起，两人谈得高兴，买通狱卒叫了酒来痛饮。小严此时，只恨当日为何不早早取了徐阶的首级？十分怨恨父亲养虎遗患。眼下只有等圣眷恢复，再来收拾那个老东西及其同伙。

不想，第二天，三法司的主官前来提堂，徐阶也在座。堂上甩给严世蕃看的，就是那个写有"三大罪"的奏疏。严世蕃读了，面如土色，连呼冤枉："徐公！徐公！你定要我父子死吗？"

徐阶冷笑，将压抑了十多年的恶气一口呼出："哼，自作孽，不可活！"

这就是"再勘"的真实过程。再过一日，即有旨下，命斩严世蕃、罗龙文于市。两人听了，相顾愕然，只有抱头痛哭。不一会儿，家仆闻讯赶来，叫赶快写遗书交给严嵩。小严浑身颤抖，竟不能写下一字。

不多时，有监斩官到，一声大喝，命捆绑起来，押赴西市——任是有多少才情，以及往日的风花雪月，统统都休了！

京师民众闻听消息，无不欢天喜地，纷纷携了酒，到西市法场去看行刑。严氏的名声实在太坏，人人皆恨。那仇恨，已超出了利益层面，变为民众情绪的宣泄口。这也是徐阶敢于这样做的一个民意背景。

徐阶彻底斗败严氏，显然是有猫腻在内，胜之不武。但面对可能的猖狂反扑，为了自己和同僚的身家性命，不如此，又能何如？

此次小严丢命，说明一个规律：恶人逼人太甚，同时自己也就走在了悬崖边上。可见，凡事不能做绝，才是正经道理。

史家对于徐阶的这个玩法，多持有原谅态度。正邪斗法之际，手段并不重要，目的才是一切。

圣旨中还有一条，就是将严嵩削职为民，并命江西巡抚和按察使负责抄家。此次，共抄得黄金三万余两、白银二百余万两，另外还有奇珍异玩，价值数百万两银。这些财富，足可抵大明中央政府一年的财政收入。且后世有人认为：严家的资产应该远不止这些，仅严世蕃瞒着严嵩私藏的黄金，就有十多窖。抄家所得的资财，与前代的宦官刘瑾相比，尚不算十分惊人，可能因为种种原因被有意压低，或在地方大员查抄的时候，流失了不少。

嘉靖得报，对严嵩居然如此贪财，倒是很感意外。至此，他对严嵩仅剩下的那一点点怜惜，也全都没有了。

据说，在抄家时，严嵩恳求巡抚大人给他留一些药品。

巡抚问："家中可有能治刀剑红伤的药？"

严嵩答："有，有，多得很！"

巡抚遂正色道："请问那东西，能否治好杨继盛颈上的刀伤？"

严嵩呆若木鸡，只能无语。

天道轮回，夫何言哉！

严嵩侥幸没死，但在政治上已经等同死亡，断无复生的可能。

他的几个孙子和那些恶仆，全部被判刑、流放。严嵩孤独一人被驱逐出门，房产被查封。

此后，据说他曾经靠乞讨为生。

一年多以后，八十七岁的一代奸雄，在家乡墓地一间墓庐（守墓之屋）里，咽了气。也有人说他是寄居在一位故旧家里死去的。

在这凄风苦雨的一年时间里，足够他回味往日的了。他无数次想过的，也许只有一个问题——打了一辈子鸟的人，为何被鸟啄瞎了眼睛？

难忘的嘉靖四十五年

　　徐阶是个思维缜密的大佬，在他的囊中，揣了许多棋子。自他担任首辅以来，就一粒一粒地在布子。而张居正，是他最中意又是最后的一颗棋子。徐阶的这种眼力，使他在晚年得益不少，否则，下场不会好于严嵩太多，我们在后面就能看到。

　　徐阶对张居正的栽培，处处都有心机。当年他提拔张居正担任国子监司业，使张在众多监生中有了威望，这是在为张居正积蓄做大事的资本。明代由监生入仕而任各级官吏的，有相当的比例，若在他们中间，酝酿出一种"谁人不识张江陵"的氛围来，到日后必会有用。

　　为了不断地推张居正，嘉靖四十二年（1563），也就是严嵩罢相的第二年，徐阶又把张居正的位置挪了一挪，推荐他去参与重校《永乐大典》，同时又让他担任修撰《兴都志》的副总裁，实际上全盘主持修撰工作，而总裁是老徐自己和另一位大学士袁炜。

　　这是一次精心的安插，目的是为了能让张居正在皇帝那儿有个深刻印象。

所谓"兴都"，就是湖广的安陆，这地方在嘉靖一朝，乃是非同小可。这地方，是嘉靖的亲生父亲兴献王的封地。嘉靖继位，是因为武宗（正德皇帝）无后，不得已，从旁支里选了一个皇族入继大统的。嘉靖当了皇上后，突发奇想，要把自己过世的老爹也封个皇上。因此，在执政之初，就狠狠地闹了一场"大礼议"风波。这个追封亡父，本就是胡来，没有任何法统依据，但他力压群臣，终是如了愿。

兴献王成了皇帝，安陆就要相应改地名，改叫了"承天"，同时还有一个尊称叫"兴都"。《兴都志》（又名《承天大志》）的编撰，是为强调出身正统造舆论，兹事体大，所以每一篇稿件，嘉靖都要亲自过目。

却说张居正在编修这部《兴都志》时，荣耀是荣耀，却发挥不了什么才能。写的东西，无非是马屁文章。当然，有人明知是马屁也要欣赏，所以就只好胡吹。比如，把兴献王比作周文王，张口就是我献皇帝，天纵圣哲，迈于周文。基本是胡说八道了。这部书，又称嘉靖为今之尧舜，就更令人瞠目。这种夸饰，凡学过文的，可能都会。

其实，张居正才是真正的天纵圣哲，能低首下心，来写这种玩意儿，说明他历练得已很有功夫了。在一个疯人充塞的环境里，你也要做个疯人，善谀善吹，才显得比较正常。

那个与徐阶同为阁老的袁炜，就是个最著名的青词宰相。张居正写的稿子，他要死劲删改后，才能递上去。袁炜后来病死了，张居正的稿子直接拿上去后，嘉靖并不十分满意，认为吹捧得还不够——鬼都不看的东西，却要耗神费力来写，就因为有人要自我满足。

嘉靖四十三年（1564），苦恼人的《承天大志》总算写完了，徐阶立刻又挪动了张居正一下，让他任右春坊右谕德（虚衔），实职是裕邸讲读（裕王府的讲官，从五品），这是给皇子当老师。嘉靖那时候尚未立太子，所生的八子，死了六个。裕王是仅有的两位皇子之一，且又是长子。按立长立嫡原则，裕王应该是皇位第一继承人。

徐阶的这个安排，用心良苦啊。

张居正这人，写阿谀的奏章写不好，如果嘉靖再多活个一二十年，也许就把他给埋没掉了。这种拍马屁的文章，也只有脸皮够厚才写得出来。

譬如那个擅长此道的袁炜，看见发生日偏食，心有所动，本是一件不吉利的事，他偏要上表祝贺，说：食仅一分，跟没发生差不多嘛，因此臣等不胜欢欣。

过了一阵儿，听说皇帝养的猫死了，赶忙又写悼词，说那猫，是化狮为龙——简直要晕死。

唉！读书人，你为什么不感到羞耻？

而张居正的才学见识，却是实实在在的。在裕王府讲读，也就是给裕王讲课，效果很不错。裕王很善待他，就连王府中的太监，也无不与张居正友好。据说，他讲课的时候，必引经据典，广设譬喻，讲得非常到位。裕王往往目不转睛地盯住老师，以表示崇高的敬意。王府的侍从大太监李芳，对张居正尤为尊重，经常向他请教。两人相谈，往往涉及天下事。

这一段实践，也见出了张居正的本事——善于和太监们周旋。

他后来执政时，跟掌实权的太监关系处得很不错，从当老师这会儿就看出了苗头。

裕王的弟弟是景王，与兄长一样，都不是太子，于是两人的关系就很微妙。嘉靖皇帝早先立过太子，但是死了。按礼制，裕王就应该封太子，但嘉靖听信了道士陶仲文的话，相信所谓二龙不能见面，便长期不召见裕王，也不重新立太子，反而对景王很欣赏。而景王想要夺嫡的动向，在宫中已不是什么秘密了。严嵩当国时，选储方面，倾向的是景王，而徐阶、高拱等人，则是拥裕王一派。那时，谁也说不清将来的变化，干脆就赌吧，反正事到临头可以据理力争。看来，徐阶把张居正安排到裕王身边，也是冒了一定风险的。

所幸，嘉靖四十四年（1565），景王忽然就蹬了腿儿，患病早亡，裕王才算坐稳了皇位继承人的椅子。这个结局，注定了幸运的大门迟早要对张居正打开。因为依照定例，东宫（太子邸）的讲官，将来是一定要被拔为阁臣的。

徐阶对张居正的前途下的这一注，就这么赢了。

张居正进入裕王府侍讲，应该说是接替了另一个非凡人物，就是高拱。这也是一位人中之龙。在某种意义上，两人就像一个翻版，志趣、才干、抱负、见解，无一不同。只不过跟夏言一样，刚有余而柔不足，所以，没有张居正那样的好运气。最终，只是一颗惊鸿一瞥的流星，直到落寞晚年，还为此愤愤不平。

高拱，字肃卿，号中玄，河南新郑人，比张居正年长十多岁。仕途经历跟张居正一模一样，是学而优则仕。十七岁时，乡试夺魁，嘉靖二十年（1541）得中进士，又选了庶吉士，两年后当了编修。

时人评价说，高拱刻苦学习，精通经义，为文不好夸饰辞藻，内容深重有力。看来，也是个务实的人。裕王府刚一建立的时候，他就出任侍讲，一干就是九年，为岌岌可危的裕王出了不少死力，裕王将他视为最可信的人。

当时景王也想当皇位继承人。微妙时刻，朝野流言四起，情势汹汹，弄得裕王整天胆战心惊。不仅嘉靖有时候疑心他不轨，就连首辅严嵩也敢欺负他，竟然派了小严，来责问高拱和另一位讲官陈以勤："听说你们殿下，对我们家大人不满意，究竟是为何事？"高拱等人强忍住气，竭力从中周旋。

高拱是性情中人，历来对严嵩不大在乎。一次严嵩在家中做寿，开宴时，傲然出场，百官都躬身迎候。高拱也起身，却当场笑出声来："严阁老，这场面，下官怎么就想起了韩愈的斗鸡诗呢——'大鸡昂然来，小鸡竦而待'？"话音方落，全场笑倒一片。严嵩不好发作，也只能打个哈哈：娘的，成了鸡了我！

后来，高拱离开王府去任国子监祭酒，裕王送了他很厚的礼，告别之日，竟哽咽难舍。以后王府里无论大小事，裕王都要派太监去问高老师。一次，想老师想得太厉害了，就让太监送去一幅字，上写"怀贤"两个字；不一会儿，又派人送去了两个字，是"忠贞"两个字。的确，世态炎凉中，高拱显然当得起忠贞之士的名号。

张居正的仕途，几次都和高拱凑到了一起。在裕王府是同僚，在国子监又是同僚，修《永乐大典》还是凑在一起。每次，他都是担任高拱的副手，对高拱以兄长事之。

两人气味很相投。当时有人说，他俩是彼此鼓励，以豪杰自许，相期定要双双入阁，好好干上一番。

两人对嘉靖朝的弊政，都看得很清楚。官场废弛，边防涣散，民力疲惫，这些他们心中是有数的——等我辈上手再说吧。

每读史至此，不由得让人感慨丛生。想那史上的读书人在年轻时，大抵都有雄心大志，不说是想上凌霄阁吧，想着未来做一名督抚，总还是小菜一碟。哪里知道，人之命运，全不由自己把握，甭说督抚，就算以州县吏相期，也可能都是黄粱一梦。有那极少数梦成了的，也差不多锋芒尽失，几成圆滑老吏了。

万千诸生，遥想当年周公瑾，意气风发，只怕是徒有羡慕情吧。

在相对祥和的气氛中，时光堪堪来到嘉靖四十五年（1566）。这一年，有几件大事值得一书。

严嵩被扳倒后，政坛看似祥和，实际上嘉靖的老毛病没改多少，照旧是装神弄鬼，且愈演愈烈。我们也知道，古代历来都是皇帝好什么，臣子就忽悠什么。那时候，各地都争献"祥瑞"（上天赐给的吉祥物），比方，发现了什么冬至甘露、乌龟蛋、白毛雀等，都要飞马传递，驰送京城，硬说是出自老祖宗皇陵上的。

每逢此，嘉靖都欣然接受，不疑有他（谁还能怀疑拍马屁的）。因此，一有祥瑞来，礼部官员就赶紧奏请，让百官给皇帝进贺表，又郑重其事地告太庙（放到祖宗庙里供着）。

事情就这么越闹越离谱。有一次，嘉靖晚上坐着发呆，一回身，看见身后桌子上有一只新鲜桃子，就问：桃从何来？贴身太监善于逢迎，灵机一动，说是从天上掉下来的（符合牛顿定律）。

嘉靖大喜："哦，天赐也！"便立即下令，举行五天的谢恩大典。庆典还没完，第二天，天上又掉下一个桃来！而后，宫中养的白兔白鹿，又接连生崽儿，真是好事连连，朝中为此忙了个不亦乐乎。

太监见嘉靖确实糊涂了，就干得更起劲。没两天，又放了几颗药丸在他床上，也说是天上掉下来的。

那嘉靖也不想一想，就算天上能掉桃子和药丸，深深大殿，那些玩意儿是怎么从窗户进来，再拐着弯掉你桌上、落你床上的啊！人被一种理念所挟，有时候就不讲逻辑。

那些太监为谄谀，张口撒了谎，就收不住了，恶习渐成常例，再智慧的人也不以为怪。

嘉靖的感觉当然良好，认为这"吉祥三宝"，乃是天眷非常。

但有人看不惯，谁？就是那个后来大名鼎鼎的海瑞。海瑞在那一年，是户部云南司的小官，管的是钱粮财税之类的事。宫内外乱七八糟的祥瑞事件，本与他无涉，但他实在看不过了。

嘉靖四十五年二月，他上了一份疏奏《治安疏》。这里要说明一下，此处的"治安"，是指治国安邦之意。

此疏一上，连海瑞自己也没想到，他就此成了一位名垂千古的正直之臣。你现在去随便拉住一个人问，史上最著名的清官是谁？回答准定是海瑞，一问一个准儿。

海瑞是海南琼山人，字汝贤，因为生平所学以刚为主，因此自号"刚峰"。

好人，名号也好！他这人，刚直不阿，骨头硬得很，是古代官场中绝无仅有的一头犟驴。在福建南平代理教谕，碰到御史大人来校视察，他的属员们全都跪地行磕头礼，唯有他一人作了个长揖就算了事。他说："大人，我本该给您磕头行礼，但这县学的大厅，是老师教育士子的地方，所以我不能屈膝！"

嘉靖三十七年（1558），他在浙江淳安任知县。当了县太爷之后，仍然简朴，吃的粮食是自己亲自磨的，他常常穿了件布衣在打谷场上筛稻谷。吃菜不买，让老仆人在家自己种。平时吃不上肉，母亲过生日时，才买二斤肉来开荤。不贪不占，一贫如洗。当时的闽浙总督胡宗宪听说后，大吃一惊：当官的，怎么能穷到这个份儿上？

胡宗宪的儿子有一次路过淳安，住在驿站（邮局兼招待所），嫌驿吏招待不周，把人家倒吊起来打。海瑞为之打抱不平，下令把这撒野的胡公子给抓了，搜出沿途官员孝敬的数千金，统统没收，上缴国库。还当众宣布："过去胡大人到部里办事，声明沿途不得超标准招待。这个小子，带这么多金银财宝，一定不是胡公子！"还特地将通报送至胡大人处。

那胡宗宪是一代抗倭名将，遗憾的是教子无方。接到通报，也是没招儿，干憋气——老小子，你干吗要捅我的软肋？

严嵩执政时，其爪牙鄢懋卿（就是劝严嵩不可放过杨继盛的那个）为巡盐都御史，即监察部盐政巡视官，一路巡查，浩浩荡荡，地方上都是好生招待。到了淳安，见只有咸菜稀饭，不由大怒："小小知县，你这是耍我？"海瑞高声道："岂止如此。俺们县衙小，容不下你们那些车马！"

鄢懋卿想要逞淫威，但他知道海瑞一向就是倔驴，跟海瑞缠上，没什么好处，只得灰溜溜离开淳安。终究是心不能平，后来指使别人参了海瑞一本。

严嵩倒后，吏部有官员对海端的遭遇感到不平，把他调来当京官，这才有了震烁古今的"海瑞上疏"。

——海瑞，人们都欣赏他的耿介精神，却往往容不下身边有一个海瑞。可能是因为这个隐微的心理，如今在海瑞的故乡，名气最大的历史人物，是仅在琼州流寓了三年的川人苏东坡，而不是本土的海瑞。

海大人给嘉靖上的这道《治安疏》，是一篇今古奇文，有三奇：在中国古代历史上，竟然有这么一篇指着鼻子骂皇帝的进谏书，这是一奇；这样的文字竟然出现在对谏臣处罚一向酷烈的明代，这是二奇；可敬的海大人居然没有因此掉脑袋，这是三奇。

只能说，历史事件的发生与结果，并非简单化的公式，而是由许多复杂因素所构成。

我们先来看看海瑞写的内容：

海瑞首先是象征性恭维了一下，说：陛下啊，我是要言天下第一事（教教您怎样做皇帝），您天资英断，睿识绝人，即位初年，铲除积弊，天下都期待您大有作为……但是，英明的时间不长，却走了神儿，错用了您的一肚子聪明，以为遥远的理想可以实现，就一心修玄去了。您固然是富有四海，但是您怎么不说这是老百姓的血汗呢？光知道大兴土木乱花钱，二十多年不理朝政，社会的道德纪律，全都废了！

您看看现在，天下吏贪将弱，民不聊生，水旱无时不有，盗贼气焰嚣张。您刚上台的时候，这些情况就有，但还不厉害，而现在赋役比过去多，地方就学样也乱收费。

陛下您竟不顾国家破产去装神弄鬼，闹得家底空空！天下都把陛下的年号叫作"嘉靖者，言家家皆净"，谁都缺钱花啊！天下的人不说您好话，那可是有时候了（您怎么会听得到啊）。

大小臣僚也都放弃了职责，您看看他们都在干什么？一说装神，就相率进香；出了"天桃天药"，就争相庆贺。为了建造宫殿，工部极力经营；为了取香觅宝，户部公差四出。陛下您一个错误举动，诸臣也就顺着错的来，没有一个人为您纠正一下。扬善惩恶的大义，都扔到爪哇国去了。臣子们拍马屁也拍得太厉害了，低三下四，含糊其词，昧本心以歌颂陛下，欺君之罪您怎么处理？

陛下啊，您的错就多了！您斋醮是为了长生，可是自古圣贤只是说顺其自然，是天地赋予了人的性命，这一句话就说全了。尧舜汤禹、周文周武，那是圣人中的极致了，都不能不死啊！我也没见过汉唐宋的方士有活到今天的，能让陛下您也学学他们的法术。陶仲文那个老道士，陛下您称呼他为老师，可是他已经死啦！仲文都不能长生，陛下您怎么又能求到呢？

要说什么天赐仙桃药丸，那就实在是太扯淡了！您想啊，桃子是要人采才能采到的，药丸是要人工捣制，然后捏成的，没有这些过程，它们就来到您这儿了，难道桃和药都长了脚吗？还说什么这是天赐，难道天有一只手拿着送给您的吗？陛下您修玄多年，一无所得，至今左右奸人还哄着您瞎想。区区桃药，难道就能导致长生？普天之下，断无此理！

太甲（商汤王的嫡长孙）说：如果有人说的话听着刺耳，那必然是"有道"的；如果有人说什么话都顺你的心，那一定是

"非道"的。严嵩可曾有一件事情不顺着您吗？没有。可是怎么样？过去贪污，后来要谋反啦！望您一改过去的错误，幡然悔悟，天天上朝来打理打理，使我们这个大明，君像个君，臣也像个臣。朝廷的各种浪费，也须收敛一下，京城里节省一金，就相当于给田户人家拨付了一百金。您这里节省一些，国家费用就足啦，老百姓的储蓄也就增加了不知有多少啦，这种好事，陛下何不为之？

总之，君道不正，臣职不明，此为天下第一事。对这个，我要是不说，那还有什么可说的呢？大臣拿着高津贴而奉承您，小臣怕得罪您而顺着您，您有了错，自己也没办法知道。我海瑞每每最恨的就是这个，因此冒死为陛下进一言。

——不愧是从海岛进京来做官的举人，端的是生猛异常。

这份上疏，绝了！海刚峰，海大人，好啊！这哪里是世人印象中温文尔雅的儒生，这哪里是戏文里只知道喊"吾皇圣明"的角色？这是疾恶如仇的刚，是高山仰止的峰，是世俗很久以来缺乏的脊骨，是人之所以为人的满腔血性！

大家都听说过"海瑞上疏"这四个字，却未必知道它竟是这样的一篇奇文。读罢，在为海瑞上疏之后的命运担忧的同时，也甚感欣慰：史海漫漫，毕竟，我们总还能披沙拣金。

这份不要命的奏疏到了嘉靖手里，他正病着，看完，暴跳如雷，脸都气绿了，把奏疏一把摔到地上，看着左右侍从，怒吼道："胡说八道！快给我拿下此人，不要让他跑了！"

此时有司礼监太监黄锦在一旁，缓缓开口道："禀皇上，此人素有痴名，您甭发火。臣听说他上疏的时候，自知忤逆了皇上必死，已经买好了一口棺材，诀别妻儿老小，此刻，就在宫外等候您发落呢。他的家童、仆人怕受牵连，都一跑而空。他呀……这个，是绝不可能跑的。"

嘉靖一听，呆住了，半晌说不出话来。从三皇五帝至今，居然有这等人物？

随后降旨，将海瑞下了诏狱，要追究主使者。锦衣卫遵命出去后，黄锦弯腰把海瑞的奏疏从地上捡起来，又放到嘉靖的座右。

嘉靖拿起来又看了一遍，心有所动。想想，那严嵩的党羽蓝田玉、陶仲文的徒弟胡大顺，确实是拿了些假冒的仙药哄我，海瑞说的话，倒也可取。随后，叹口气说："此人可与比干相比，但朕却不是商纣呢！"

这里提到的比干，是商纣王的叔父，因纣王淫乱的问题，曾屡次强谏。他说："君有过而不以死争，则百姓何辜！"纣王听得烦了，竟将他残忍杀掉。嘉靖说海瑞是比干，还是蛮恰当的。稍后，嘉靖想通了，把奏疏留中不发（不交给内阁票拟），毕竟不能落下个杀忠臣的万世骂名。

海瑞的案子，后来下旨移到了刑部处理。嘉靖的意思是，不杀，但也不能白骂，你们看着办吧。

事情渐渐有了转机。嘉靖皇帝由于假药吃得多了，导致铅中毒，身体越发坏了。他百般无奈，把徐阶召来商量，想去一趟承天府老爹的陵墓，取药补气。

徐阶连忙劝道，保重要紧，不宜出动。

嘉靖更加心灰，说干脆内禅算了，让儿子继皇位，自己不干了。

徐阶慌了，说那哪儿成呀！

嘉靖这时候，才想起了海瑞的话，叹息道："海瑞说的话全对啊，我病这么久，怎么能理政！想振作，但力不从心啦。真是的，我不知道珍惜自己，病成这样，假使有力气去便殿理政也好，也不至于被人这么骂啊！"

徐阶见时机已到，连忙为海瑞说情："海瑞这人，说话一贯愚憨，天下人都知道。其心还是可谅的，请陛下对他格外宽恕。"

此后，刑部的意见上来了。刑部尚书黄光升（就是要了严世蕃小命的那一位）居然认为无法可依，只好比照"子骂父律"，罪应论死。

嘉靖略略一瞧，按子骂父律？当斩？笑话吧！当即搁下，不批。一直到他死，这份意见都没批下去。

海大人的脑袋，就此保住了。

从嘉靖四十一年（1562）严嵩倒台到现在，已经三年多了，徐阶就这么眼观六路，一面小心伺候着皇帝，一面操纵着中枢的班子。好在棋局还是活的，可容他走动几步。好不容易摆平了海瑞的事情后，内阁的人事又亟须作调整了。

从夏言的前任首辅张璁的时代起，内阁就是个生事的地方。迄今所有的首辅，下场几乎都是灰溜溜的，尤其夏言和严嵩的结局，更是让人不寒而栗。徐阶不得不给自己留后路。因此，在网罗人才入阁时，用尽了心计，只求能保证一条：将来能让我体面地退休，体面地养老。

前一年（嘉靖四十四年）三月，内阁袁炜病重，再也写不了"福寿万年"的青词了，自行退出局去。徐阶不敢"独辅"，立即选人替补。明代的选阁臣制度，叫作会推，也叫作廷推，就是集中各部各科的臣僚开会，推选出二至四名候选人，交由皇上决定。参加会推的成员，涵盖很广，但大多只是来走走过场，主要是由六科都给事中说了算。

自嘉靖一朝起，皇帝不大管事儿，首辅的权力由此大增，连吏部尚书都压得住。所以，这种会推，基本就是按首辅的意思办。

这次，内阁引进了严讷和李春芳两个人。这两人，和刚刚致仕的袁炜，还有在他们之后入阁的郭朴，共四个人，都擅写青词，就是当时人们所说的"青词宰相"。

把词臣纳入内阁，固然是嘉靖之所好，但也有徐阶的考虑。徐阶本人还在位，能做实事，干脆就选几个只会玩花活儿的进来，省得碍事。不过，他选李春芳进来，还有特别的一层意思。因为李年轻，又是状元出身，声望很高，为人宽厚，如果将来是这人接任首辅，那就最理想不过了。对此，李春芳一定会感恩，那么我老徐退休之后的待遇，也就一定没问题了。

至于推举严讷这人，其实没有什么意义，只是给李春芳当个陪衬，而且排名还在李春芳的前面，别人也就看不出什么来。

徐阶的老练，可见一斑。果然，严讷在入阁的当年，就因病退休了。李春芳顺理成章接任次辅，接首辅的班没有问题了。

严讷一走，内阁又缺人，于是在嘉靖四十五年（1566）春，又一次会推。

这次，徐阶又从自己口袋里摸出早就藏好的棋子来，还是两个人：郭朴和高拱。

和前两个人一样，徐阶实际上要推的是高拱，郭朴只是陪衬。不过，高拱可不是什么"青词宰相"，也并不是徐阶的夹袋中人，他是裕王的老师，是早有大志要当宰相的人。用他，似乎不太合乎徐阶的逻辑。

嘉靖四十五年春，徐阶走的这步怪棋，实际上牵动甚大，甚至预设了后来万历初年的政局。可是徐阶在当时，完全预料不到后果。

他原是这样考虑的：裕王早晚要继承大位，只要裕王一当皇帝，高拱势必入阁，这个趋势，即便傻瓜都能看出来。那么，我徐阶先走一步，早早把你提拔进来，卖你一个人情，你高拱肯定心怀感激。就此，把你收到我的门下。将来换了皇帝，我还是有保障的。

徐阶，是华亭人啊，算盘打得太精了。

可是，高拱哪里是那么好收服的？

高大人不仅仅是皇子的老师，在仕途上的其他资历，也相当过硬，最高的职务当过礼部尚书。另外，在当时进内阁，一定要会写青词，这个，高拱也能胜任。

入阁，是高大人的铁定前途。既然傻瓜都能看出这一步，那为什么还要领你徐阶的情？

你徐大人，是否多此一举了？

两边都这么在用心计，内阁的局面，就越发像一盘看不大明白的棋局了。嘉靖四十五年三月，高拱昂首阔步地进了内阁，时年五十四岁，气势凌厉。

徐阶有意将高拱延至门下，因而就特别热情。高拱是怎样聪明的一个人，他当然感觉到了这种垂顾，但他不高兴，甚至很不高兴。

徐老首辅，你未免太自作多情了。我高拱是什么人，既有奇貌，又有奇才，人事背景在将来是无人可比的。我还想做个当朝大佬，吆喝手下一批人呢，怎么可能当您的门徒？

高拱在入阁以后的情绪，徐阶很快有所察觉。他知道糟了：走了一步大大的臭棋！

搬起石头，可能要砸自己的脚。看到高拱傲慢不逊的态度，徐阶方才醒悟：智者千虑，也难免有一失啊！

他在紧张地转动脑筋。既然选高拱过于冒失了，事不可追，那就要有个法子来补救。

徐阶在此时，忽然想到了一个人——张居正。

恩师提前铺下红地毯

在中国古代，师生关系、师徒关系都有点儿像父子关系。民间有"一日为师，终身为父"的说法，庙堂上也有"天地君亲师"的排序，暗示着一种伦理纽带。老师，往往就充当着"人格之父"的角色。

今日当然不同了。有个别地方，师生关系就不是很顺，老师不大理解学生（怎么就不好好戴笼头），学生就更不理解老师了（干吗要虐杀我的灵魂）。

徐阶对于张居正，自从在翰林院结下师生关系之后，一直就扮演了政治"人格之父"的角色。

张居正在选了庶吉士后，发奋研习典章制度，从不吟风弄月，也不交通权贵，表现特异。据王世贞回忆，那一批同年进士多沉迷于古文诗赋，以汉唐大家相砥砺，而居正独独不屑。与人交往，多是默默探求国家典故与政务之要。

明末还有人说，张居正在这个时候，就有志于宰辅之位，将户口、要塞、山川形势、人民强弱等，都逐一条列。在翰林院，逢到盐司、关司、屯马司、提刑按察司等官员任满还朝时，就携了一壶酒、一盒菜前去拜访，死缠住人家，详细询问关隘要害，回到公寓后，立即挑灯记记下来，其用心如此，非腐儒可比。

徐阶很早就开始有意引导张居正担大任，期望值很高。在翰林院看见张居正写的文章，虽然也引用诸子百家的话，但并不脱离治国之本。对此，他深感满意，曾亲口对张居正说："张君，将来你务要尽忠报国！"

当然，对于老师的那一套政治谋略，青年张居正也有个理解的过程。

徐阶老成谋国，有人很不理解。严嵩时期，有人讥笑他是"四面观音""一味甘草"。其中，被他救了命的海瑞，就是态度最强烈的一个。但徐阶仍不改隐忍作风，碌碌无奇。对严嵩这条毒蛇阳柔附之，而阴倾之，终于得以保全自己，等到了翻盘的机会。

张居正起初对老师的一味隐忍，也是相当气闷的。嘉靖三十三年（1554），他请假归籍之前给徐阶的信里，就明显有一股急躁情绪。他对老师说：你内心固然有想法，但外表却随波逐流，想用这个办法等待时机，不亦难乎？这样等下去，什么时候是个尽头啊，不如剖开腹心，表露真情，高张独断之明，抛去流俗之顾虑，慨然一搏，决其生平，与老贼拼他一场算了！如果老天有眼，青史留名指日可待。设若这路走不通，就算抱着浮云之志，遗世独往，不也是人生一大快事吗？

这时候的张居正，还有很浓厚的名士气，慷慨论事，看不惯老师这般窝囊。

但这只是私人之间的通信，不是公开的政治表态。自从张居正以进士二甲第九名跨入仕途之后，到如今已是十九年过去了，中间除了在嘉靖二十八年（1549）给皇帝上了一份《论时政疏》之外，再没有露过任何一点儿锋芒。

张居正此时的身份，仅仅是词臣，是文字匠。他的官场形象，是沉默无所作为。官场上的时日，可谓一刻值千金，他却整整沉默了十九年。

这里面，徐阶潜移默化的影响，不可低估。

其实徐阶与张居正，根本是两种类型的官员。人们对徐阶的责难，多半有道理。他乐于居间调停，玩平衡；一遇险阻，立即后退。海瑞说他是甘草阁老，畏威保位，大抵是不错的。他的原则，就是要把事情干成，否则就不干。

杨继盛上疏弹劾严嵩，他不赞成，认为无益。杨继盛得罪皇帝而下诏狱，他不援手，认为事情已不可为。张居正对他的麻木很不满，他却不无幽默地让张自己去试试——这个话不是当真，只是想让张居正设身处地体会一下直谏的难度。

而张居正，则与高拱是一类人物。他们俩，都是要做事的。剑在匣中，则鸣不平，所以才有相期以平治天下为己责，要做救时宰相。张居正的原则，是要干事，对无为的状态感到难以忍受。

后来，老师的传授，对张居正显然起了作用，他慢慢接受了徐阶的策略，也就是在所有的选择中，一定要把事情干成，为从政的第一原则。

因此，在张居正"刚"的一面上，又加上了"柔"的色彩。直到嘉靖四十五年（1566），即将踏入内阁的前夕，他都处在守雌状态，养精蓄锐。进入内阁后，一开始也很谨慎，直到大权独揽为止。

先柔后刚，是他仕途生涯一条明显的曲线，也是他和高拱日后命运有天壤之别的关节点。

——我可以等待，我甘愿沉默；但不是无原则的，为的是拿到干事的权力。

张居正说过，徐阶为人沉机密谋，轻易不外露，很多机密的国家大事，徐老师只和他一人商议。比如，嘉靖皇帝曾经怀疑过裕王的接班能力，让徐阶去查阅一下，成祖是怎么看待太子的。成祖故事，就是老皇帝总是想换掉太子。徐阶会意，马上做了很好的解释，打消了嘉靖的疑虑，不再轻视裕王。张居正多年后提到此事，说："此一事，唯臣居正一人知之。"

徐阶这样做，自有他的用心，是刻意要把张居正培养成大器。

这些谋略熏陶日久，就让张居正学会了掩盖本色，先随波逐流，后中流击水，免得尚未有所举动，就被滔滔大水呛死。

但是，他从本真上，是一个重视自我的人，倾心向往竹林七贤，即便有谤言满天下，却是独行不以为悔。只要一得手，就一定要报君恩，根本不会在意人言是非，才不管你同代人还是后世人怎么说三道四！

徐阶把张居正作为图穷匕首见的一个人物，在最后拿了出来，以补救自己招揽高拱的失败，这是一个大智慧。但徐阁老也决然想不到，自己一下子就放出了一头潜在的猛狮！

徐大人现在只是想，要让张居正尽快入阁。

这是头脑中电光石火的一闪。这位老先生，现在的思维完全集中在具体的人事问题上了，其实也难怪，王朝的政治，历来就是人事摆布、权力分配的问题。至于主张些什么东西，倒成了其次。今天说这样，明天说那样，不过是得到权力的一种手段而已。

徐阶目前最看重的，恰好是张居正所具备的人事上的条件。

首先，他跟李春芳——目前的次辅——是同科进士，李是状元，张是二甲第九名，两人同年，成绩又都很好。徐阶想：两人彼此会服气，相处得很好，不至于在内阁里掐起来。

其次，张居正和高拱都曾是裕王府的僚属，在国子监和修《永乐大典》时搭档多次，高拱也不会有心理抵触，张居正的进入可以很顺利。

最后，高拱和张居正之间关系微妙。两人有过一段情谊不假，但高拱这人心高气盛，没有真正把张居正当个人物。在他看来，张居正才具平平，辈分又低，根本不在自己的这一档次上。当个副手，还可以；别的，不看好。因此，徐阶想：高、张二人不大可能结成联盟来对付我。

张居正和高拱交往，确实是忍让的时候多，但那只是压在心里不说。高拱对此一点儿也察觉不到，但徐阶却看出来了。而且徐阶对两人水平高下的评价，与高拱本人完全相反。徐阶看张居正，其才干、胸怀、气度，无一不比高拱强。把张居正收进内阁来，由他来制约高拱，是绝无问题的。否则，老徐一退，靠一个好好先生李春芳根本压不住高拱，说不定还会被干掉，那样的话，老徐晚年就别想平静了。

明代的官员薪俸都极低，京官若不受贿，外官若不从赋税上抽取常例（捞油水），是活不下去的。像海瑞那样，两袖清风，自己种菜吃，冬天要披着被子御寒，简直是疯子所为。贪污受贿，人人心知肚明。但是政治上不能倒台，一旦倒台了，贪贿就成了个问题；不倒呢，就不是个问题。

退休，也就是失权。失了权，就跟倒台有点类似，万一人家借什么风潮追究起来，就会很尴尬。因此，退休了，台上也得有自己的人，作为"防火墙"吧。这就是徐阶从张璁、夏言、严嵩的结局上悟出的道理。他要跳出这个宿命的怪圈。

他在执政的最后这几年里，主要考虑的事情，就是选人。

老官僚，看人往往凭直觉，这次他完全看对了。以张居正的能量，对高拱岂止是制约？人们不会想到，低着头做人的汉子，一旦爆发起来，会何等惊人！

因为老马失过一次蹄，这次徐阶小心多了，在引进张居正的问题上，他当然也要卖个人情，好为自己将来的退休做铺垫。但是前次的教训是要吸取的，所以这次他的行动不露声色。

他开始频频地去探望张居正，表面看来，只是欣赏他的才干——我，嘿嘿，不过是个资深伯乐而已。

张居正当然感到欣喜，知我者，徐公啊！两人之间的走动，从这一年的夏季开始频繁起来。

张居正在这一年，已从裕邸讲读位置上，升为侍读学士、掌翰林院事，成了翰林院的代理院长了。这个侍读学士，是个正四品官，品级还不是很高，距离入阁的资格还差得远，且看这高高的龙门，张居正怎么来跳。

徐阶自有办法。

老徐现在是皇帝身边唯一的股肱大臣，嘉靖的情况他心里有数。从这年八月起，皇帝看上去要不行了，自己就开始安排后事了。他把那个一块儿玩火烧了房子的尚美人，赶紧封为妃子——眼看就要上西天了，也忘不了美人。

秋来，好歹熬过了六十大寿。嘉靖简直不能相信，春秋还正盛着呢，又求了这么多年神，怎么眼看着黄泉路就近了呢?

嘉靖迷信丹药，可不是一般的痴迷，几乎是他的生命之唯一意义。他是由藩王入继大统的，骤然君临天下，生杀予夺，威风了一辈子，很快意。登位以后，天下也还算是承平，就欠一个长寿了。

但是吃丹药，却让他遭了不少罪，甚至还吃了一些乱七八糟连猪都不想吃的野草。为理想付出的代价，外人不可想象。仙药都是他召来的方士献的，人可疑，药更可疑。服了以后，急火攻心，身体算是彻底垮了。

十月，他挣扎着去万法坛祈祷，老天又捉弄他，淋了一场冷雨，回来后就彻底倒下了。

难忘的嘉靖四十五年十二月十四日，躺在西苑的嘉靖熬不过去了。徐阶很着急：以前武宗就是死在大内之外"豹房"里面的，没法向后人交代，当今皇帝绝不能再闹这个丑闻。好在嘉靖病势沉笃，已经没有意志了，太监们不管三七二十一，急急忙忙把他抬回大内，总算驾崩于乾清宫，圆满解决了。

人总是要死的，但皇帝死了，老百姓难免有天塌地陷的感觉。宫里一片忙乱，人人都像死了亲爹一样。这时候，徐阶的位置就凸显出来了。

嘉靖先后有过三个皇后，但都未得善终，走在了他前面。其

113

中，被他呵斥吓死了一个；废掉并幽禁死了一个；还有一个失火时被困，他却不让人去救，活活烧死了（就是那个把无辜的曹端妃给杀了的方皇后）。宫中既无皇后，太子又尚未即位，此时的天下等于没有主人。徐阶在这几天，暂时代替了全天下的"父亲"，请裕王入宫、办丧事、继位、改元……日子都进腊月了，时间太紧迫！

这次改元，是将"嘉靖"年号改为"隆庆"。转过年，就称为隆庆元年了。不到半个月，换了新天，在有明一代，这是最快的一次。换皇帝时，按例是等第二年的元旦改年号，旧年号有时还要用很久。这次是逼近年根，说换就换了。

嘉靖在皇位上折腾了四十五年，"骑鹤"走了，被尊为"肃皇帝"，庙号"世宗"，长眠在天寿山永陵（在今北京昌平）。

徐阶还干了最重要的一件事——草拟遗诏。遗诏名义上是老皇帝的意思，由顾命大臣执笔，但此时皇帝仅有一息尚存，遗诏的内容，全都是首辅说了算。

这个遗诏，实际上成了徐阶对嘉靖朝政的一次拨乱反正。以先帝名义检讨了诸多错误，对朝会之仪久废表示痛心；对因建言而获罪的诸臣予以平反，活着的要起用，死了的要抚恤。对那些搞怪的方士，根据罪状各正刑典，或杀或判。至于斋醮工程等劳民伤财之事，则全部停止。

以前那个胡闹皇帝武宗死的时候，也是由首辅大臣起草的遗诏，把那些乱七八糟的工程全都给废掉了。这一次，与那次的情况很相像。

这个遗诏，并不是徐阶一个人写的，参与起草的，还有一个人。

谁呢？翰林院侍读学士张居正。

此时的内阁，除了徐阶外，还有三个人，李春芳、郭朴与高拱。论资格、论才具，拟遗诏找他们三个哪个帮忙都行，犯不着找一个没入阁的正四品官员来参与。惯例上，首辅忙不过来的文件，可以找阁僚帮忙，一般是次辅代拟。徐阶这一次的举动，可以说是完全坏了规矩，让人略感吃惊，而他的猫腻也就在这里。

找张居正参与拟遗诏，是"一箭三雕"：第一，可以提高张居正的地位，为他尽快入阁造势；第二，可以在高拱和张居正之间，起到一种微妙的离间作用，不至于张居正入阁后有跟高拱成为铁哥们儿的可能；第三，还可以给高拱这个不吃素的一点儿颜色看看。

徐阶的"暗箱操作"，果然达到目的。李春芳对此没有什么态度，高拱却气得要跳起来！原本以为不会怎么样的郭朴，也有很强烈的反应。

高拱与张居正之间，从此就有了暗暗的裂隙，在这一次的交集中，终于没能结成联盟。

从更广的范围来说，这份遗诏的出笼，对徐阶来说，真不知道是得还是失。一方面，由于遗诏否定了嘉靖时期的弊政，揭示了新政的大致走向，且概括得十分到位，公布后，朝野闻之，皆痛哭感激。显然，它顺应了人心，给徐阁老带来了巨大的声望。甚至后世有人怀疑，这是出自张居正的手笔，也极有可能。

另一方面，遗诏对嘉靖的谴责，毕竟是对先帝的不恭，这就预伏了日后有人借此发难的可能。

最直接的一个后果，是引发了高拱、郭朴两人与徐阶的严重对立。

徐阶在严嵩专权时期，曾经不得不忍辱负重，尾随严嵩十余年，不敢与之分庭抗礼。因此，他对门派斗争深恶痛绝，在用人上小心谨慎，决心消除门户之见，造成和平内阁。可是嘉靖遗诏一出，内阁就开始纷争不断。

隆庆一朝，先后共有九人入相。可以说，其中无一人是奸佞之徒。隆庆皇帝本人木讷、怠惰，一切委政于内阁，自己不大管事，对待阁臣的进退处置，又十分的理智和宽容（这一点实在难得）。先后九位阁臣，虽然有进有退，内阁始终是强势内阁，本可有一番大作为，一洗嘉靖时期的沉疴。但可惜，阁臣相斗，犹如车轮大战，使得所谓隆庆新政大打折扣，徐阶本人也险些翻车。

种瓜得瓜，种豆得豆。徐阶玩的小计谋，可以说，坏了他的大布局。

但是目前还看不出什么来。在这"嘉隆之交"，正是张居正青云直上的瞬间——好运来了，真是挡也挡不住。从夏秋间起，不仅徐阶常常造访翰林院，在徐阶的值班室——直庐，也常能看到张居正的身影。两人频频谋于密室，说得好听点儿，就是运筹于帷幄。转轨前后的国家大事，张居正不仅了然于心，说不定还出了一些很具体的主意。

国之器也，练手就在此时。比张居正年长二十二岁的徐阶，对张居正的通透与沉稳，显然是很赞许，渐渐竟有了依赖感。后来张居正回忆说，丙寅年的事，老师手扶日月，摆布天下，而参与其事的，只有居正一人。

这个庞大国家的升沉，就在徐阶的股掌之间。而徐阶身边，无其他任何阁、部大臣，只有这个时年四十二岁的异才。

人的差别，何其之大！正如张居正所说，当时明朝的高官冠缨相摩，成群结队，然而未必皆可与之谈事情——是啊，与酒囊饭袋有什么可说的？

这也是国家的不幸。本来，官员就是吃皇粮、为皇帝做事的。官员的生涯，应该是一种尽职的过程。官员在从政过程中，应有一种以一己之力提升万民生计的乐趣。可惜的是，大明的官员，永远是庸碌的比尽责的多。庸官把做官当成了一种享乐。官的含义，成了权与利两个字。汲汲于贪贿，是逐利，是把仕途看成了商业场；热衷于加官晋爵，是恋权，在高人一等的感觉中体会所谓的尊严。他们比较看重的，是官阶，随着乌带换成金带，金带换成犀带，人格也就逐渐高大——低品级小官们的逢迎，就是尊严的基础。

张居正却是个异数，他在这股浊流中，拔地而起。品级不很高的他，以一个中级官员的身份，与当朝首辅结成了莫逆之交，参与大局的运筹，赢得了远超过他品级的巨大声望。中外各界人等，都很瞩目张居正，认为他必有大用。

恩师为他提前铺好了红地毯。

随着隆庆元年（1567）元旦的到来，这位深藏不露的明日之星，就要在龙虎风云的内阁登堂入室了！

吉星照他上殿阁

岁交冬至，寒风凛冽的北京城，人心里却涌动着莫名的暖流。一条病龙终于升天了（龙驭上宾），冥冥中的机栝忽然弹开，有些人压抑了许久的命运，随之急剧跃起。

在岁末，偌大的京城有三个人的命运，发生了这样的变化，让他们本人也感到晕眩。首先一个，当然是裕王。在主持了父皇的丧仪后，他便有了一个新的身份——皇帝。因年号的关系，后人习称他为隆庆皇帝，也叫他"穆宗"（死后为他定的庙号）。

从今以后，他再也不是以往小心敬畏、朝夕危惧、不受父皇待见的藩王了。在此之前，他这个二十多岁的藩王着实令人可怜。自从进入裕邸后，嘉靖"惑于二龙不相见之说"，怕儿子克了爹的寿（或者反过来），除了年节问安，再不与裕王见面。骨肉父子，却生不得见，死不得诀，大臣们都为裕王感到有些鼻酸。

老辈子人都喜欢多子多孙，嘉靖却过于珍爱生命，忌讳儿孙到了畸形的程度。最极端的是，裕王生了儿子（就是后来的万历皇帝），也不敢向嘉靖报喜，甚至连小孩的名字也不敢取。

如此皇子，何如平民？

仅仅被冷落倒还罢了，地位又朝不保夕。他的生母已死，在皇帝身边没有奥援。比他小一岁的景王，其母尚在，条件就比他好多了。嘉靖对景王宠爱日增，再加上小人为谋私利，暗地鼓动景王夺嫡，裕王怎能不活在长期的恐惧当中？

当年，就连严嵩父子辈，也敢来欺负一下，经常截留嘉靖给裕邸的例行赏赐，有时一拖就是三年不发，裕王还得低三下四地去求严世蕃。

如今这一切屈辱，一扫而空！他大步走上龙庭，威加海内。

与他相关的裕邸旧人，也统统加官。这个惯例，就是张居正命运中的一个机栝。不久，张居正就借此机缘，在官阶上一步三跨。这件事，我们稍后再说。

还有一个人的命运，也随即天翻地覆。他就是人们几乎要遗忘了的、蹲在大牢里的海瑞。

老皇帝驾崩，铁窗内的海瑞一无所知。提牢主事（监狱长）得知先帝遗诏里，有开释言官之说，便知道海瑞此番蒙赦，是要重归宦海了，前程未可限量。于是，备了酒菜，与海大人共饮。

海瑞见牢头忽然这个态度，不由大惑，心想今明两天怕是要押赴西市砍头了。罢罢，他生未卜此生休！我海瑞好歹没算白来人间一场。于是，他面不改色，喝着小酒，谈笑如常。

毕竟是要上奈河桥了，海瑞忽而又有些伤感，向牢头托付后事——老婆、孩子还在家里苦熬呢。牢头一怔，这才道出皇上晏驾的实情，然后哈哈大笑说："先生不日必有大用，我这是祝贺大人要升官呢！"未等牢头说完，海大人猛然醒悟，喊了一声"哀哉"，竟一头栽倒，为那咽了气的皇帝哭了个死去活来，下了肚的酒饭，全吐出来了。

果不其然，第二天，隆庆皇帝有诏下，准海瑞出狱，复了原职。几天后，又升海瑞为大理寺丞，让他当法官去了。此后，海大人的官职节节上升，一直当到了应天巡抚。此是后话。

耿直的人，处事往往异于常人。别人看不明白海瑞：不干正事的老皇帝死了，合朝都很振奋，你哭个什么劲儿？公私两分，原则高于私利，这就是直臣常被人视为迂腐的原因所在。直臣的作为，无法融入一个处事准则很混沌的体系，因此，就只有清誉而无收益。

张居正不想做只有清誉的人，他也想得到世俗的好处。过去，曾经想过归隐林下、消极出世，但那只是在严嵩专权时期的一闪念而已。二十年的养精蓄锐，他的才具与声望，已积累到一定程度。如今箭在弦上，就用不着再感叹自己是病夫无助了。

元旦一过，雄鸡高啼。吉星光芒万丈，照在他的云锦官袍上。新春期间，张居正由翰林院侍读学士，升为礼部右侍郎（从二品）兼翰林学士，也就是兼了正式的翰林院院长（过去只是代理），晋升为显赫的高官。这一步跨出的幅度实在是惊人，年前，他还只是翰林院的侍读学士，一个正四品的中级官员，这一任命，竟一下子连升三级！

这是新皇帝对裕邸旧人的"佣酬"，是历来的惯例，也是新皇帝对他青眼有加。诸位且慢惊叹，这还不过是小小的序曲，入阁才是大戏。现在，张居正的资格已经全部具备了。

当年二月，吉星又增加了耀眼的亮度。隆庆皇帝特批，拔擢张居正为吏部左侍郎兼东阁大学士，光荣入阁，攀至山巅！同时入阁的，还有原裕邸讲官陈以勤。

张居正这次，是将天时、地利、人和都占尽了。

新年改元，是大吉大利的事，内阁按例要添新人，这个好时机，恰好让张居正撞上。他是裕邸旧人，这是谁也无话可说的好身份。新皇帝对张居正，原本印象就不错，所以徐阶的推荐很容易奏效。此外，还有一个有利因素，就是原裕邸大太监李芳，现在也水涨船高，成了司礼监的掌印太监（最高品级宦官），担任内廷大总管，权力大得无法想象。李芳过去在裕邸时，就是张居正的密友，这次选阁臣，自然也会极力推举故友。

此次张居正入阁，是无须群僚"会推"的，而由皇帝"特简"，这是会推之外的另一个选拔方法。皇帝直接下手谕，吏部备案就是了。至于皇帝选什么人，除了征求首辅意见之外，有时还会征求掌印大太监的意见。

看看吧，这就是人事上的"好风凭借力"。人的飙升，确实就是这个道理。

张居正后来也不讳言这一点，承认这是因缘际会，一步登天。原因就在圣主念旧，师翁引荐。

身份急升，确实令人瞠目，但他并没有因此得意忘形。那种"仰天大笑出门去"的忘形，到底还是有些浅薄。一个百病缠身的大国需要打理，同时内阁也不是个省心的地方，张居正在此时，顾不上得意，还是惶恐的心情要多一些。

不过，登阁毕竟是他多年的凤愿，走上文渊阁的台阶，胸中还是有一股豪气涌出——他决心要竭力尽忠，以期不愧于名教，不负于知己。

初进内阁，不知道"画眉深浅入时无"，张居正的忐忑不安是有道理的。论资历，论年龄，论拜相时间，他都排在六名阁臣的最后，暂时还没有傲视群雄的资本，只有夹起尾巴做人。

那时他给友人写过几封信，流露出这种心情。他说自己，以浅薄之学，骤得非分之位，不由得日夕惶惶，不知所措。随时随地，都是一副如履薄冰的样子。

但《明史》却有完全不同的记载，里面说，当时徐阶以宿老身份高居首辅，与次辅李春芳皆能折下士，对同僚彬彬有礼。而张居正是最后入阁的，却独独有一副宰相的派头，"倨见九卿，无所延纳"。还说他比较沉默，但每说一句话，都切中要害，闹得各部科官员都极为怕他，对他的敬畏，远甚于对其他各相。

那么，什么叫"倨见九卿，无所延纳"？

"倨见九卿"，就是对待九卿态度很傲慢。九卿那可是不得了，全都是朝廷高官，叫作"堂官"，包括六部尚书、都察院都御史、大理寺卿和通政司使（皇帝的秘书长）。"无所延纳"，就是不拉帮结派的意思。不拉帮结派，是有可能的，后来的事实也证明，他在隆庆内阁的一场场混战中，一直是没有清晰阵线的。但初入阁就"倨见九卿"，那怎么可能？

据《张居正大传》的作者朱东润先生讲，《明史》的这个说法，来自晚明文史学家王世贞的《嘉靖以来首辅传》。王世贞说，张居正虽然是最后拜相的，但自称，宰相应有宰相的尊严，所以"倨见九卿"。

朱东润认为，此说不实。张居正入阁之初，吏部尚书杨博、户部尚书葛守礼，官都比他大，能力与官声都相当不错，张居正要是"倨见"的话，人家也不会买账。这两人，都是张居正平时比较敬畏的大佬，资历在那儿摆着。张居正一日蹿升，就敢慢待人家，是绝不可能的。

朱东润还举了一件事为例，说后来万历即位的时候，张居正当国（做首辅），起用陆树声为礼部尚书。陆是嘉靖二十年进士，比张居正早两科（早六年），张居正每次见陆树声，用的都是后辈见前辈礼。一次，老陆到内阁拜访张居正，见待客的座椅太偏，这位礼部主官就是不肯落座（认为不合乎礼制）。张居正连忙改正了座次，老陆才坐下来。此事也见出张居正是个知道深浅的人物。我以为朱东润先生所说，不无道理。

张居正入阁后不久，就担任了《世宗实录》总裁（总编辑），为先帝嘉靖写编年史，这又是隆庆皇帝对张居正的特别看重。

到了四月，春暖花开，吉星又一次爆发出强光来。隆庆皇帝以重校《永乐大典》的功劳，升张居正为礼部尚书（正二品），兼武英殿大学士。这个官阶，已经赶上当年赏识他的那个顾璘大人了，可以挎着犀带，昂然过市。

然而，他上升的势头还没有停止。转年到隆庆二年（1568）正月，又加少保兼太子太保，这已经是从一品的虚衔了。

张居正这回真的是吉星高照，额头放光了！从一个以前的从五品，几年时间，就拿到了从一品的荣衔，这是连升八级。就连为他写传的人，在写到他的升迁之速时，也禁不住用了惊叹的笔调——可以想象得出，执笔人写到此，在烛光下使劲拍案的样子。

令人惊奇的还有呢，按照明代的官制，大学士这一职务的品级是有弹性的。它本身的官阶仅有正五品，不高。但如果兼任了尚书、侍郎，则品秩可以加得很高，从武宗时期起，固定加官为正一品。也就是说，张居正的入阁，是以侍郎、尚书兼大学士的，官阶是正一品！

从五品——正一品，这是整整升了九级！

在中国近代的戏文中，有一出戏叫作《连升三级》。连升三级，基本就是个理想化的概念，甚至带有荒诞的意味；但在张居正的身上，超级的荒诞变成了事实。

当然，这仅是金光闪闪的一面。

让我们再来看另一面。自嘉靖年间起，内阁的地位空前提高，六部尚书完全沦为内阁的属吏，事事须向阁臣请示，内阁成了一块香饽饽。而在内阁的内部，也分出了首辅、次辅、群辅三个档次，首辅的权力远高过其他人，诸阁臣只能仰其鼻息。

这样失衡的权力设置，相差如此悬殊的政治地位，必然引得很多人去争首辅之位。因此，阁臣互相猜忌、势同水火的事，就接二连三地发生。当时有人说，嘉靖以来的首辅，无不是依靠倾轧排挤得来的，这完全是事实。元老首辅张璁就曾哀叹道："从来内阁之臣，很少有能善终的。"

是啊，玩火者的终局是自焚——没有谁能笑到最后。

所以，入阁实际上是一场悬崖之舞，很少有人不失手的。

最可怕的是，皇帝对于内阁的授权或放权，是没有法律界定的，全凭皇帝一己的好恶。皇帝对于辅臣的评价，非理性的居多，有如小家千金豢养宠物，赏罚都比较任性。大臣的地位甚至还不如宠物，锦衣卫（皇帝侍卫兼情报机关）、东厂（特务机关）主要就是对付大臣的。辅臣的言行，甚至辅臣家中仆人的举动，都在被监视之中。高官之途，像是一条钢丝绳，荡呀么荡悠悠，经常险象环生。

一旦帝眷衰退，或者有什么言论触到了"逆鳞"（触怒皇帝），那就会失权、丢位，甚至掉脑袋。如夏言、严嵩那样的宦途高手，也都在所难免。

所以入阁就是一场赌博，是皇帝拿着骰子，让大臣下注，输赢是皇帝说了算，而不是你自己玩得高明不高明。

阁臣在职的辉煌和失位的仓皇，构成了一个最有吸引力的赌局，不断有人甘愿飞蛾扑火。

这就是人性。这就是阁老权力尊严的魅力。

属官的谄媚，贿金的源源不断，令人迷醉。大学士们只迷醉于这只夜光杯装满美酒的时候，而不大考虑它被粉碎的时候。

张居正眼下踏入的，就是这个高处不胜寒的地方。

他考虑到后果没有？预测过前景没有？未来究竟有多少胜算？客观地说，他有过考虑，但不可能清晰地预见到来日的祸福。

他的选择，是一往无前。因为他所尊崇的人生哲学，与他的老师大不相同。徐阶崇拜的是"陆王心学"，认为凡事当自求于心，不应求诸外物。心之本体，即是天理，主张"致良知"。

什么叫"良知"？天知道！大概就是近世的所谓"人文精神"吧？反正是求诸个人的道德净化，遇事可以权变，不要固执，不能硬来，讲究一个平衡，维持现状为好。徐阶老宰相"一味甘草"的外号，就是这么来的。

而张居正不同。他是讲究实学的，痛恨士风人情渐已落入宋末的窠臼。他说，现在的迂阔虚谈之士，动不动就拿宋末的乱政来影射现在，然而都是别人嚼过的糟粕，无助于实用。

尽管在徐阶影响下，他曾深受阳明心学的熏染，又与阳明后学之辈多有私交，但他观察心学的拥护者，却别有眼光。

张居正坦言：我也曾经周旋于他们之间，听其议论。然而发现他们的真实目的，就是沽名钓誉，为爬上去找个捷径罢了。他们所说的"道德之说"（人文主义），就是佛祖所说的"虾蟆禅"，以趋异为能事，专门滥用新名词，其实是王学的末流，已显出空疏之弊。

他指斥时弊的话，说得很尖锐：我看近来的学者，皆不务实，不求真正的效果，只在言辞概念上下功夫，讲得虚无缥缈，都是大而无当的东西。

这真是一个奇怪的逻辑——侈谈学问的人，皆言要遵循孔子，却不去钻研孔氏的治世学说。说起来人人都有主张，但如何实行，却无人感兴趣。

张居正本人，却是要治国平天下的，一贯所研习的是经世之学。何谓经世？也许他的两句话就可以概括，即"安民生，饬军政"。为了富国强兵，就是要"尊主权""振纪纲"。要使人们有所敬畏，大家才能做事。

刚进内阁的时候，他就想做一两件实事。有人对他失望，议论说："我以为张公掌了权，能行帝王之道，然而看他的言行，不过富国强兵而已，太令人失望了！"张居正听说后，一笑："您过誉了！我怎么能有本事富国强兵？"他反驳说，孔子、舜帝、周公，开口说的都是"足食、足兵"这两件事，他们的理念，就是所谓的帝王之道了吧？但他们又何尝不想富国强兵！

他自称所遵循的理念是：以脚踏实地为功，以崇尚本质为行，以遵守成宪为准，以诚心顺上为忠。

张居正很早就形成了这样的一套实学理念，并准备将之付诸实践。在内阁中，他有时也痛感"人事不齐，世局屡变"，导致匡济之业宏图难就，但他并不畏惧失败。他曾在一封写给徐阶的信中说，如果万一失败，那就是天数如此了，大丈夫既以身许国、许知己，那就唯有鞠躬尽瘁而已，其他更有何话可说？

敢于任事，不避毁誉。这就是张居正的性格。其勇气的来源，就在于他的理念。

不是说"燕雀安知鸿鹄之志"吗？现在可以看清楚了，心怀天下与苍生，便是他的鸿鹄之志。

第十一章

内阁里掀起一场混战

与张居正踏上红地毯几乎同时，隆庆初年的内阁，陡起了一场风潮，好似水火相克，又很像一场擂台赛，不断有人滚下台去。

导火索就是《嘉靖遗诏》。此前，徐阶与高拱的矛盾，还是在暗中较劲儿，《嘉靖遗诏》一出，冲突就压不住了。高拱等人被排除在密议起草人之外，惘然若失，心中大为不忿。

那位看似老实的郭朴，竟然跳起来大骂："徐公诽谤先帝，可斩也！"高拱也是心中恨恨的。这两位是河南老乡，郭朴自然是死心塌地愿意跟高拱走。

在《嘉靖遗诏》正式下达之前，徐阶曾把草稿给高拱过目，高拱看了，认为语气太过。之后高拱与郭朴对桌而坐，说："先帝是英主，在位四十五年，干的不全是坏事吧。当今皇帝是他的亲儿子，三十岁登位，不是小孩子了。你把先帝的罪过昭示天下，不是寒碜先帝吗？那斋醮的事，是谁在帮着干？那大兴土木的事，还不是严、徐两人在筹划，这都成了先帝一人的罪？装模作样，附和于身前，翻脸于身后，人一死就骂，我不忍也！"说完，他与郭朴相对落泪。

说这个话，当然有点儿矫情。嘉靖的胡闹，以及徐阶当初的无奈，高拱怎能不清楚？他这样说，主要是对徐大老爷有气，借题发挥罢了。这话传了开去，不少人就免不了侧目而视——高拱这人，怎么这样？

其实，矫情的言语，我们现在也还在天天说，不能苛求古人。不过高拱确实是有些心胸不宽，否则，内阁的战火燃不起来。

其实徐、高二人的恩怨，早在张居正入阁之前，就已播下了种子。事起吏科都给事中胡应嘉告的一个恶状。

还是在前一年的十一月，嘉靖病得快不行的时候，胡应嘉上疏，状告高拱，说高拱把家安在西安门外，半夜里不在西苑直庐值班，偷跑回去跟老婆亲热，根本没有克己奉公的好风范。

这个事，倒是有。原来，高拱五十多岁了，尚无子，频频往家跑是为了延续香火，没别的意思，本也是情有可原。这事徐阶也知道，不过一笑了之。

仅这一件事，问题还不大，可怕的是胡应嘉状告的第二件事。他说，皇上身体"稍违和"（婉辞，实际是病大发了），大小臣工都吁天祈祷，盼望皇上早日恢复健康，高阁老却忙着把值班室的办公用具往外搬，是何居心？

这一箭来得毒！暗含之意是：高阁老是否在准备应变，以为皇上要死了，用不着在西苑值班了？

幸亏嘉靖已经病得不省人事了，此疏被压下，没有引起风波。隆庆登位后，高拱上疏作了辩解，隆庆认为这状告的，纯粹是扯淡，我的老师我还不了解吗，怎会如此不堪？便让内阁议议，要把胡应嘉削职为民。高拱和郭朴当然同意，徐阶则比较仁厚，主张从轻发落。由此，高拱便认定了是徐阶在幕后指使，要罗织罪名坑害他，从此把徐、胡二人恨之入骨。

徐阶很感郁闷（这么坑害人，也确实不大像他的风格）。偏巧胡应嘉又是徐阶的同乡，这就更说不清了。

胡应嘉的这个都给事中，官名挺怪。给事中的意思是"在内廷服务的"，"都"是最大之意，相当于六科中某一科的科长。明代对应着六部，有六科，对各部起到一个监察作用，直接对皇帝负责。明代的制度，凡以皇帝名义发出的旨意，给事中要对之进行复核，如认为有不妥之处，可以封还（打回去）。全国各地上报给皇上的奏章，六科要根据分工抄报各部，并提出驳正意见。

六科之官，权力极大。皇帝交派各衙门办理的事情，由他们每五天督办一次。倘或有拖缓不办者，由他们向皇帝报告。都给事中的官阶，只有正七品；给事中就更低，是从七品。虽然是芝麻小官儿，但不容小觑，因为他们对大臣有直接弹劾的权力，对皇帝也有批评的权力。

六科给事中和都察院的御史，都是负责监察工作的，统称为言官，看见什么不对，就可以说。他们的意见，由皇帝批示了以后，很快就会公告满朝文武，形成巨大的舆论压力。明朝皇帝就是通过这个机制，来防止大臣干坏事的。同时，有这么一帮多嘴的人，也可以提醒皇帝自己少犯错误。但言官们说得对不对，一般由皇帝来裁决——说你对就是对，说你错，不错也错，历来如此。

大臣们是比较畏惧言官的，惹不起他们，都千方百计要搞好与"言路"的关系。高拱是个倔脾气，主张对言官也应该监督考查，因此惹恼了一大群人，与言官的关系不怎么样。而徐阶，考虑到言官们几十年来被老皇帝打压苦了，新政之初，应该爱护言官，营造新气象。他的这个态度，很得人心，所以基本上能左右言官的倾向。

这个言官体制，我看挺好，监督起来很有分量，也很有效用。但言官也容易因为考虑私利，受人指使或拉帮结派，无端地就掀起政潮来。

胡应嘉一败，果然就有为他打抱不平的。有人认为，高拱居然敢主张把一个言官削职为民，这还了得！众言官为此，群情汹汹。兵科给事中欧阳一敬，首先跳出来，上疏指责高拱奸险横恶，无异于蔡京，将来必为国之巨蠹。这话，说得很难听了。此后又有言官纷纷上疏，干脆就说高拱不是"宰辅器"。矛盾最后交到了徐阶手里，徐阶考虑再三，建议将胡应嘉贬到福建建宁当个推官，这才算摆平了风波。

此事刚告一段落，到了隆庆元年（1567）一月，战端陡然又起。这一下可是闹大了，后果双方均始料不及。胡应嘉被贬后，很快因为几句话的建议，受到了隆庆皇帝赏识，得以起复，又抖起来了，但马上又因办事违规被皇帝斥责。受责当天，徐阶让轮值的郭朴执笔，他口述，票拟一个处分意见。郭朴当即拿起笔，建议说："这个胡应嘉，是个小臣。皇上刚即位，他就敢越法，罢了他的官算了！"

徐阶知道这是高拱的意思，想要报前面的一箭之仇，目光就扫了一下身边的高拱。见高拱在一旁，已怒目攘臂，要一触即发

131

了。徐阶便不再说话，任由他们去写。而后，他与李春芳等联名写了个奏疏，表示应留下胡应嘉，以利广开言路。

徐阶在写这个奏疏时，高拱故意不说什么，仅以目光示意郭朴。郭朴便上前与徐阶争辩，双方火气很大，差点儿翻了脸。

王世贞后来在《嘉靖以来首辅传》中对这段冲突的描写，活灵活现，似乎他就在现场一般。想想五六十岁的阁老们，在办公室为一个七品官的任免，几乎要动起手来，那也是很有趣的。

此时两派的策略，颇为不同。高拱对胡应嘉事件的态度很不圆滑。因为曾有前嫌，在处理胡时，如果是有经验的老官僚，一般就应该回避了——省得背个打击报复的名。但高拱却任着性子来，激怒了众言官，惹火烧身。

而徐阶则退居幕后，一言不发。私底下默许或鼓动言官，万炮齐发（我以为，他一定是进行过幕后策划的，否则言官的攻势不会如此有路数）。明清交替时期的史学家谈迁，论及此事时说：新皇帝刚上台，如果把言官处分得太狠，怎么能避免人们在将来议论？所以隆庆皇帝不可能支持高拱。徐阶诱使高拱，踏进了与言官混战这个泥潭，实是老奸巨猾。

徐阶以言官打前锋的策略大获全胜，高拱百口莫辩。当他意识到自己上了套时，已为时过晚，相当被动了。于是大骂徐阶：你结好言路，就是为驱逐我高某！

徐阶马上称病请假，四次上疏，请求退休。棋路到此，已经相当精彩。

高拱实在是太直了。他想不到，当年徐阶斗倒严嵩，为众官拨云见日，大家能不感恩戴德吗？不仅如此，现在朝中的大小官员，徐阶在当首辅的六年中，又不知结交或扶植了多少！这是一个庞大的利益集团。高拱现在公然与徐阶对决，触犯的就不仅仅是言官了。

当然，在高拱这边，也有为他说话的。高拱的一个门生、御史齐康，看到老师被动，气不过，拔剑而起，杀入了群殴阵中，朝着徐阶就是一阵乱砍（勇气可嘉）。

这下，更加激怒了众官。一时之间，九卿大臣、南北科道（北京和南京的监察系统）一起爆发，交章论奏，弹劾高拱，斥其为"大凶恶"。

光禄寺丞（宫廷餐饮长官）何以尚，甚至要请尚方宝剑，以诛高拱！这人是广西人，和海瑞是至交，两人经常喝着小酒谈论政事。海瑞被关押，他也受到牵连蹲了大狱，是和海瑞一起被平反的，其感念徐阶，自不必言。

在这一阶段，言路抨击高拱的人，无日无之。先后有二十八道奏疏，排山倒海地压过来，估计隆庆皇帝脑袋都大了。

群情激愤到这个程度，高拱根本就没法儿再干了，只得称病求退。隆庆十分眷恋他的这位老师，但见舆论如此沸腾，也只得准了。

隆庆元年五月，高拱灰溜溜下台。

他走了，还有一个郭朴。言官们穷追不放。九月，郭朴被逼不过，也自请退休了。

此次斗法，徐大老爷牛刀小试，凯歌以还。

但是，时论对这件事也有非议。稍晚，有人评论说，高拱是个清廉耿直的人，家里清贫得跟寒士一样。言官们这么攻击，是太过了。

徐阶这一仗，着实打得漂亮——前锋搦战，诱敌深入，全面包抄，只牺牲了一个不成器的胡应嘉，就打得高拱全军覆没。然而，当徐大老爷捻须微笑时，他没有想到，隆庆皇帝虽然寡人有疾，毛病不少，但并不是个白痴。

一个顾命大臣，在新君面前显示了如此之大的能量，朝局甚至连皇帝也无法左右，那么皇帝该作何想？

京中大佬们只顾弹冠相庆，大概无不以为十年以内，局面已坚如磐石了。但，究竟是不是这样，他们很快就会看到。

混战之间，却没有看到张居正的影子，他没有声音。入阁之前，他仅为一个正四品的侍读学士，阁老们打架，轮不着他掺和。况且，他与两边关系都非同寻常，因此所抱的态度是坚不介入。

入阁以后，情况有些微妙。一面是恩师提拔，难以报答万一。另一面，与高拱有六年之久的袍泽之谊，即我们今天所说的情同手足。因而只能中立，但又不能完全没态度。本身已是阁员了，对双方的执政理念，总要有个倾向，否则岂不成了藏头露尾的小人了？

两方面的做派，确实大不相同。高拱是个认死理的人，一就是一，二就是二，是个实事求是的典范。而徐阶用政，则多从策略考虑，讲究以行政上沿袭的手法，婉转达到目的。有时顾虑过多，就不惜放弃原则。

这里仅举一例，一次，有言官提议说，某个即将被罢官的高官素有声望，不应该拟去职。而徐阶内心，是巴不得此人被干掉的，就提出：那么我们就请皇帝"上裁"吧。高拱断然反对，说：

"这个头儿不能开！先帝是因为在位多年，通达国体，所以过去常请他上裁。当今皇上刚即位，哪里知道一帮下属哪个贤，哪个不贤？让他上裁，要么难以决断，要么就是交给别人去办了（指太监）。如此，天下大事去矣！"

此话真是直爽得可爱。张居正素来欣赏这种实学精神，对双方的行政理路，他内心实际是有所褒贬的。

在风潮之中，张居正见言官挟舆论以自重，气焰嚣张，甚不以为然。对徐老师使用权术，以舆论丑化政敌而逐之的手法，也不能苟同。他与高拱，毕竟还有很深的情谊，于是有不平之意，在徐老师那里，他是为高拱求过情的，只不过徐阶不听。

老师不肯收手，作为学生，又不能起而反对老师，张居正只能独善其身。一日，徐阶向他就政争中的某事征询意见，张居正回复道："我今日向你建言，明日就成了中伤他人之语。"明言予以拒绝。

这位时年四十三岁的内阁"末臣"，彼时政治品质还丝毫未被权力腐蚀，应该说，是相当光明磊落的。

对老师，只能是这样了；但对言官的嚣张无度，他既然领教了，心里就已经有数——来日方长吧。

尘埃落定。张居正才稍喘了一口气，总算是两边都未得罪。既未负师恩，也未负同僚之谊。

可是，这口气还没喘多久，朝局又发生了戏剧性的变化——大佬徐阶，摇摇欲坠了！

几乎是高拱前脚走，后脚徐阶就面临着失宠的尴尬，隆庆皇帝与徐阶的关系骤然紧张。

虽然徐大老爷在"嘉隆转轨"中功劳甚大，朝官一片拥护，新皇帝也是认账的。但徐阶忽略了他与"中官"（太监）的关系，同时与隆庆之间的君臣位置也没摆好，事情就麻烦了。

隆庆这个人，也是个甚为古怪的皇帝，有必要在这里说一说。

他在做藩王的时候，位置不稳，所以人倒还老实。可能是由于压抑太久，反弹得就很厉害。一登大位，毛病就出来了，用三句话可以概括：不理政，好色，贪财。样样都到了极端的程度。

理政方面，后世史官给他的评语是"端拱寡营"（《明史·穆宗本纪》）。什么叫"端拱"？形同木偶也。"寡营"，就是什么也不做。朝会时，见大臣，一言不发。一连三四年都是如此，简直匪夷所思，连朝臣都感到忍无可忍，上疏批评道："岂无所以致之耶？"——您倒是说句话呀！

那时候，朝鲜国派来晋见的使臣赵宪，在《朝天日记》中曾有记载，说隆庆皇帝视朝的时候，东张西望，没个样子，且发言甚少，都是太监在传呼。朝鲜使臣得到的这个印象，颇为传神。

隆庆就连祭祀祖宗的事也懒得去，往往派人代行；即便参加，也是敷衍了事。朝鲜使臣说，隆庆即或偶尔参加，也极不耐烦，仪式刚完，就令把宫门大开，拉过一匹快马，骑上就飞驰进宫。扈从的诸臣，屁滚尿流，撵也撵不上。

政事不上心，女色上却孜孜以求。即位之初，还服着重孝呢，就日夜娱乐，游幸无时，嫔御相随，坐满了后车。其丑态，宫内外都传遍了。

刚一当上皇帝，他就下诏增选宫女，多多益善。礼部尚书高仪上疏力阻，说：现在宫里边还有宫女好几千呢，您还是开恩，把她们放归乡里为好，别再滥收了。隆庆的批示反应极快，圣旨第二天就下来了，几个字：宫女不多吧？高尚书当场没晕死！

皇帝好色，民间就恐慌。隆庆二年（1568）初春，江南一带谣传要选宫女，引发"拉郎配"的狂潮，女子十二三岁以上，婚嫁一空。谁也不愿意让自己的女儿一辈子幽闭在深宫，成个白头宫女。就连官宦人家也坐不住了，纷纷嫁女。女婿一时极为紧俏，在街上随便拉到一个，问问是光棍就行。大街之上花轿相连，贫家女子因涨价租不起轿子，就徒步上门入洞房。那时，穷汉娶到富家女，易如反掌。不过，野史笔记上说，这样的婚姻往往不谐和。

一开始，地方督抚也不辨真假。后来弄明白了，官家就赶紧辟谣。但"官愈禁，愈为实"。衙门的话没有公信力，越辟谣，老百姓越相信是真的。一直持续到次年春天，才平息下去。

隆庆在贪财上，也可称一绝。他一般不经内阁，直接派太监向各部索要金银。各部不足，就下令停发工资，把国库（太仓）的银子也调进宫来，此外还急如星火地向下摊派，致使南方几省，数年内加征税款几百万两。

左右太监又撺掇隆庆搜罗珍宝，下诏让各地大量采买。买珠买玉的圣旨一日数下，导致人心惶惶，州县官员叫苦不迭。甚至有的地方官怀疑，这圣旨是不是假的呀？

朱家的皇帝，换了一个，仍是很有特色的啊！

当然，这个皇帝也有他的优点，那就是在政治上很宽厚，或者说非常怠惰。他的习惯，是完全放权给阁臣去操作。

对于这个特点，后代治史者有不同的评价。朱东润先生在

《张居正大传》里认为："不幸他连驾驭大臣的威柄，也一齐放手，因此穆宗（即隆庆皇帝）一朝，内阁里面只见到不断的混斗。"朱先生为此感到痛惜。

而专治明清史的韦庆远先生，在其七十高龄写出的巨著《张居正和明代中后期政局》中则认为：这样一个庸懦的皇帝，客观上亦为徐、高、张得行其策，得遂其谋划提供了条件。

固然隆庆内阁的混斗，耗去了明朝当时精英分子的一些精力，耽误了天下治平大业，但这个时间不很长。自隆庆三年（1569）以后，秩序便稳定了下来。因为混斗也是一种特殊的淘汰机制，就是在同一水平上比智力，混斗到最后，往往是选择了最适合掌控朝政的精英。

此外，隆庆皇帝绝不是有人怀疑的那样，是个智障病人。他在选择股肱辅臣时，不管是出于直觉，还是出于理性，最终选择得都很准。

可以庆幸的是，隆庆的老师是耿直而想有所作为的高拱。由于历史因缘，隆庆无比信任这位老师，高拱在隆庆后期所做的一切，恰恰为张居正的大展身手铺好了路。张居正的改革，实际是从隆庆年间就已经发端，在其后，以张居正为标志的十年"万历新政"，并不是没有来由就横空出世的。

大国，就是大国。它永远会适时产生出与之相称的人中蛟龙。

可惜，徐阶并不是这样一条蛟龙。

他固然已升到了一人之下的高位，但在封建专制的官员体系中，爬到高位而掌控了国家权柄的，不一定就是政治家；很可能，是一个权术高手，甚至就是个庸常官僚。

国家的经济、民生、兵备，如何统筹？体制的痼疾源于何处？如何拔除腐败以起衰振惰？一个政治家，是要会下这盘棋的。

而行政官僚，却只懂得人际关系这一步棋，即如何固宠和如何安插亲信。这是他们的全部本领。

大国如果由这样的超级官僚来掌控，其结果，可能是超级稳定。但是，像明朝这样一个版图超大而兵备疲弱、人口众多而榨取过甚的大国，稳定很可能就意味着正在没落。

历史不想等待，它马上就要请徐阁老出局了，用的是非常突兀而奇诡的方式。

徐阶太热心了，也太大意了。他以为，以其拨乱反正的功劳，新君能容忍他一反往日的曲从，不断对皇帝指手画脚（这是为你好啊）。可隆庆皇帝并不这么想，江山是我家的江山，做臣子的吃的是我家的饭，你老说我不爱听的，烦不烦？

自从高拱被"拱"走以后，徐阶更加看重言官的作用。当他发现，新君的身边竟然渐渐聚拢了一群瞎闹的太监时，他又故技重演了。在朝中，不断公开支持言官，谏阻太监操控京城"团营"（土木堡之变后，于谦收拾京师三大营残部而组建）、在宫内校场操练军士等荒唐事。这些，自然惹恼了一众中官。

这些太监，可不要小瞧。在古代皇帝身边，总有这些不起眼的特殊小人物得宠。也许，皇帝对能干的大臣，在潜意识里就有些嫉妒：我贵为天子，凭什么才干不如你？好，就算我才干不如你，但我可以让你难受。皇帝对太监，心里就没有什么芥蒂了——你们都被阉了，我还嫉妒个什么？因此，明朝的皇帝总是在折辱大臣，而极少折辱太监。当然，大部分以吃拍马饭为生的太监，轻易也不会惹恼皇帝。

徐阶这一来，得罪的是整个中官群体。老东西，还管到宫里来了！耳边风，当然就吹得紧了：皇上，这老家伙为什么不让我们安宁呢？

皇上的脸色极不好看，几次批示，近于呵斥。徐阶吃不住劲儿，只好乞休。

休就休吧，隆庆也来了执拗劲儿，只给了徐阁老回家可以乘坐驿车（官家邮车）的待遇，其余的，没有了。经过李春芳的说情，才勉强给了退休金和名义褒奖。

什么先朝首辅、国之大佬？大臣就是我皇家的奴仆，太监才是我的体己人。

隆庆二年（1568）七月，徐阶十七年的大学士、七年的首辅生涯，就这么结束了，距离他完胜高拱仅有一年多。而且，这一去就再也没有返回政坛。这里面，不能排除隆庆皇帝是在为他的老师出气。

临走时，徐老爷子把朝政大事和家里的事，都托付给了张居正——这是他布置下的最后一道防线。

国家的事，其实不用说了。退休了，跟你还有什么关系？大佬习惯了操心，一时还改不过来。倒是他的三个儿子，应该让他忧心。徐老虽然是个讲心学的君子，但儿子们却是乡里的一霸，强占民田，为非作歹，乡民对其恨之入骨。

老子高唱孔孟，儿子狂刮民财，明朝的好处真是都让他们占完了。徐阶一退，会不会有人追究这仨小子，徐阶心里没底儿，只能拜托张居正好生留意。

徐阶这次，是被中官坑了，张居正对此事的心情比较复杂。一则，本该出头为老师讲两句话，但他估计了形势之后，觉得这么做无益，只能把自己也搭上。二则，老师如果继续干下去，朝局还是温暾水，他张居正天大的雄心壮志，也只能在老师的心学影子底下，不得伸展。所以他没有说话。几年后，他在写给徐阶的信中，略略表示了忏悔，说自己懦弱。不过，这究竟是虚套还是实话，真是不大好分辨。

最重要的是，张居正因此看到了中官的力量。他决不能重蹈覆辙，对他们，今后一定要拉拢好，除非是皇帝换了脑子。

内阁在这之后，论资排辈，由李春芳顶上，为首辅。李春芳这个状元首辅，是个庸才，一级一级升上来的，又信奉心学，一味以静制动，根本不知道怎么做最高行政官。张居正对李的这种无能，几乎是公开地蔑视。

徐阶离开后，李春芳心理压力极大，曾叹息说："连徐公都退了，我也长不了吧！"张居正说："那不正好？可以保全你的名声。"李春芳目瞪口呆，据说，他沮丧至极，为此曾三次上疏求退。

另一个大员陈以勤，人还不错，淡泊、低调，但同时也就没有很大的气魄。他们做人，都是好人，做官却完全没有执政理念。张居正呢，位列末相，还轮不到他过多表现。于是，内阁就有些撑不起架子来。

隆庆在这时，便又调了礼部尚书赵贞吉来，补充入阁。

赵贞吉，字孟静，号大洲，四川内江人，是嘉靖十四年（1535）的进士，也是一位心学门徒。他可是很有个性，敢想敢干，然而却是个向后看的人，动不动要人家"守祖法"。仗着自己的科场辈分高，不免就气盛，并不把张居正等小辈放在眼里。在办公室，直呼张居正为"张子"（你去给我倒点儿水来），并且当面说张的学问不过是"浅学"。

这个赵贞吉，人际关系的学问实在是太差，与各部官员都有些抵触。

张居正当然感到很不舒服。

有一种说法，说他在这个时候想起了高拱。《明史·张居正传》里记载，因为张居正受了赵贞吉的气，就去找司礼监掌印太监李芳，策划让高拱回来，以遏制赵贞吉，而夺李春芳的权柄。

高拱果然就是在这个时候回来的。难道，张居正真的参与了人事更替？

这千古之谜，真是谁也弄不清楚了。

朱东润先生却不信上述说法，他考证，那时李芳因为得罪了隆庆，正蹲在监狱里等候判决呢，不可能再推荐阁臣。再者，李春芳又能碍着张居正什么事？张居正如果想引进高拱来抵制赵贞吉的话，无异于引虎拒狼，他不会那么笨的。

但此事极有可能。

张居正当时在班子里，是负责国防事务的，他非常需要高拱这样一个人。

古往今来，谁说秀才不知兵？张居正就是一个。他在翰林院里日日研究山川险要，深谙地缘政治和边防战略。这在他以后的施政手段上可以看得出来。

在边防上，与俺答或战或和，与整个国策大有关系。是隐忍韬晦，还是示敌以强，都要与国策吻合，才能做得下去。

而眼下这个班子的构成，不大像能让张居正施展拳脚的样子。李春芳是靠写青词得宠的，六次晋升，没有一次是通过廷推，全是靠皇帝一手提拔。入阁后，唯徐阶马首是瞻；徐阶走后，推行没有徐阶的徐阶政策，主张休养生息、优柔宽政。他虽然没有主见，但毕竟是首辅，你总不能越过首辅去改变国策。

这不是绊脚石是什么？

陈以勤，说来还是张居正的"房师"。这是个什么关系？张居正考进士那年，"经科"考的是《礼记》，由陈以勤批卷子。当年在科举时代，这层关系可了不得，是做官的一个重要关系网。所谓"门生故旧满天下"，指的就是这个。

但是这层关系，却又死死压住了张居正，即使有不同的意见，也不能太冒犯房师，因此顾忌颇多。再说，陈以勤与高拱一样，也是隆庆多年的老师，当年顶住严嵩的压力，对裕王的皇储位置护翼有功。隆庆当了皇帝后，陈以勤离权力中心极近，比张居正要近得多。张也不可能撼动他。

这两个人，主张祖宗立业，子孙承之，如果制度还不至于大坏，就轻易不要变更。他们把励精图治视为躁竞，把革除陋习说成是紊乱成法，张居正还好意思尝试变革吗？

明朝的发展，其实已经很成问题了，积弊如山，财力枯竭，外敌窥伺，哪里还容得你继续休养生息？再不振作，再不根除顽疾，就没有时间了。说什么宽政，无非是放纵贪官污吏；说什么和揖中外，不就是挨了打也要忍气吞声吗？

再说这个赵贞吉，他倒是一条汉子。嘉靖二十九年（1550），俺答袭北京那时候，严嵩、丁汝夔按兵不动，敌寇铺天盖地。嘉靖问计于廷臣，久久无人一语。赵贞吉却力排众议，坚决反对议和，并请命上前线劳军。嘉靖见此，心情大振，立刻升了他的官，让他奉旨前去宣谕诸军。

《明史·赵贞吉传》载：赵贞吉参加完廷议，怀着一股盛气，去谒见严嵩。严嵩心虚，辞而不见。赵贞吉站在严府门外，怒叱看门人。适逢严嵩的干儿子赵文华来到门前，赵贞吉见了，怒气更大，复又叱之。这个情节，在当时端的是大快人心。

严嵩当然为之恼怒，在票拟时故意不写授予督战权，让赵贞吉到前线一个兵也调不动。当时京城附近敌骑充斥，赵贞吉居然敢一个小卒也不带，单骑出城，驰入军营。持节宣慰诸路勤王军，诸军无不感动泣下，愿意杀敌报国。"北虏"听说之后，有所收敛，稍微后撤。赵贞吉大名，一时传遍天下。

不过，奸臣当道时，功臣往往都是白干。敌人退后，严嵩立马构陷赵贞吉。结果，赵老夫子被打了一顿屁股，贬到广西去当了典史（县衙看守所所长）。

这样一个人，名气大，辈分高（比陈以勤早两科，比张居正早四科），所以敢于指出各部、各科道失职违纪的猫腻，人得罪光了都不怕。他为官四十年，一点儿不懂官场潜规则。只是书生本色，不给人一点儿面子。

张居正受他的气大了。每每议论话题，老赵总是朝小张子挥挥手："这不是你们小辈所能理解的。"一谈到经史、玄禅，他就笑问张居正："怎么样，深奥吧？你们光知道韩、柳文（韩愈、柳宗元文章），到底浅薄！"

张居正，能不郁闷吗？

四位阁臣，莫衷一是，这还怎么干？

他一个人，拿那三个人没奈何。虽然张居正也当过裕邸的讲官，与当今皇上有一点儿渊源，但权力资源差得远。怎么才能让那两个没用的离开茅坑，让这一个不懂事的闭住嘴？怎么才能让自己离权力中心更近一点儿，能有个搭档联手做事？

他不会不想到"相期以相业"的高拱。徐老大人已经走远，在朝中，高拱最大的劲敌没有了。普天之下的官吏，谁还能比高拱离权力中心更近？

借助高拱，可做大事。这很有可能是张居正最后的结论。

高拱的回来，已经具备天时。但张居正不大可能直接居间活动。活动这种事，已不是外臣所能及，必须有近侍太监说话。李芳现在已经失势，张居正在中官那里的能量，恐怕还很有限。

可考证的是，具体操作，是由一名外号叫"邵大侠"的人主动发起的。张居正，最多是从中策应。这种事，也没有什么可奇怪的。从这时候起，我们就可看出张居正的人格特点：为谋大事，不妨在必要时用一点儿权术，而且要用得恰到好处。

邵大侠，名唤邵方，丹阳人，用今天的话说是涉黑人员，其能量之大，相当惊人。他居然能为阁臣一级的官员跑官。张居正与邵大侠事先有没有勾结，找不到证据，但不排除在事情进展中有呼应。

隆庆三年（1569），大侠起了念头，要为昔日的阁老跑官。他先去找徐阶商量：您老愿不愿意复职？徐阶表示不干（不愿再看皇上那张冷脸）。邵大侠回头才去找的高拱，两下里一拍即合。大侠立刻进京，找了当时权势熏天的中官滕祥、孟冲、陈洪等人，上下其手，把事情给办妥了。

这三个"没下边的"，都是鼓动皇上泡宫女、观灯、熬夜喝酒的主儿。他们为什么要管高拱的事？这就是所谓的内外勾结。一是，可能当场收了钱；二是，高拱肯定承诺了将来会投桃报李（后来的事情可资证明）。

于是，高阁老又回来了。

这世上的得意事，最美不过"前度刘郎今又来"了吧？

第十二章

1569 年的最后一场雪

隆庆三年（1569）十二月，白雪覆盖了寂静的北京城。与这场瑞雪一同到来的，是一阵强劲的政治旋风——高拱重归紫禁城。

"高老又回来了！"高老——京中官僚们对高拱的称呼，显示了这个人的分量。

高拱的回来，同时也透出权力游戏的诡异。民间都知道，是邵大侠在中官那里使了力，才有高拱起复的机会。这件事，《明史》上有记载，说是邵大帮主因此名倾中外，估计今后都可考虑以此为生了。但是我以为，隆庆皇帝的心思，可能不会这么简单，几个太监不大可能把他忽悠住。当时的情况是，吏部原尚书杨博，因徐阶下台的缘故而致仕，朝中需要有一个能压得住的人，来掌管人事，隆庆便选了高拱，让他既入阁，又管吏部。

吏部尚书这个官，是六部主官中地位最高的，俗称"太宰"，主宰一切官员的命运。首辅弄不好，也是辖不住这个尚书的。到后来的万历年间，首辅地位略跌，吏部尚书就完全不听首辅的了。

高拱回来，以大学士兼掌吏部事，这在明代是破例，非常少见。因为这样一来，高拱的权力就太大了，大政方针和人事任免的决策权，全在一个人手里，要是把江山给颠覆掉了，皇帝也有可能还不知道呢。

但隆庆百分之百地相信高老。我偏就这么用，天下人就看着吧，这就是我的擎天柱！

至于张居正如何对待高拱的复出，其内心真实想法很难猜度。他是一个日夕忧虑国事的人，看问题往往看大局，因此可能非常期待。

在高拱刚回来时，张居正给一个地方官员写信，信中说："高老起用，令我欢欣鼓舞。我与他一向同心，看来，世事尚有可为。"他没忘记，这位高老，是他迄今仅见的一个气味相投、旗鼓相当的人。

在共事了几年之后，他在对高拱贺寿时说："不才如我，有幸追随高老，与闻大事。您老人家每每放下身段，与我交往。"这当然是客套话，但多少透露出，张居正还是很感激高拱的。

高拱死后，张居正对他们之间的关系，评价就更高了，达到了生死之交和情同父兄的高度。人死了，生者自然是多有美言，但他感念高拱的这份情，还是真实的。

相比之下，他对李春芳、赵贞吉之类的书生宰相，则嗤之以鼻。后来他回忆，隆庆四年（1570），一次"北虏"犯蓟州，京城戒严。堂堂金銮大殿上，朝臣们竟然研究起如何守城的技术问题来了。赵贞吉庆幸有敌人来犯，以证明不按他的主意整军，就没有好结果。首辅李春芳不知所措，控制不了会议局面。大家七嘴八舌，提出的措施都极为可笑。最后敌人连影子也没来一个，京城防守了一个月后，解严了，白白花费了几十万两银子。

很难想象，当时世界上最大的国家，竟是由这样一群空疏之辈在管理。一次小小的边境战役，就闹得中枢乱了套，还有什么脸说自己是天朝上国？历来，只有主政者务实有大谋，国家才能虎虎有生气；主政者若是书生空谈，则很难应付复杂局面。

基于这个背景，张居正对高拱的回来，应该还是高兴的。即使高拱是危险人物，也暂时威胁不到他张居正什么。在隆庆一朝，高拱根本不屑于向张居正下手。他们虽然同气相求，但两人的政治分量，并不在一个等量级上。

对此，真正感到忧虑的是徐阶。他知道高拱是个睚眦必报的人，当年搞掉高拱，确实是做得太狠了点儿。

徐阶的三个公子在乡里胡闹得够了，也遇到了大麻烦。铁面清官海瑞，于隆庆三年（1569）六月任应天巡抚，开始清理大户兼并民田的积弊。他脖子一梗，放出话来："法之所至，不知其为阁老、尚书家也！"他巡视所过之处，拦路向他告状，自诉被乡官夺了田产的老百姓，竟然有几万人！

海瑞平日最恨的就是这个，你肉山酒海的我管不了，居然还不让老百姓吃口饭！于是，他力摧豪强，安抚贫弱。凡是贫民田地被富户强占的，一概夺还。

这景象，我们现在很难想象：一群衙门公差，如狼似虎地闯进大户家，掀桌子，亮枷锁，勒令退田——这实在是超越了人们对皇权时代的一般想象。

徐家三位公子连忙向张居正写信告急。张居正回了一封信，意味深长地说："民情近来是比较厉害，等海公到了你们那里，我当写一封信给他，以委婉疏通。至于师翁，他年纪大了，可能会受不了这场面，你们千万要日夜保护好。"最后，是一句很含蓄的警告："事情可以了结的，最好自去了结。"

话说到这个份儿上，你们听不懂就算了。

不出徐阶所料，高拱回来的第一件事，就是清算前徐首辅的所作所为。高老只有一个原则：一切反其道而行之。明朝的官官相轧，好像都循着这样一个原则。

你徐阶起用的人，不论好坏，我统统给你拿掉。你徐阶逮捕了许多方士，说他们制造假药害死了先帝，我就偏要为他们说情："先帝晚年有病，毕竟是善终，不是暴卒。说先帝为方士所害，天下后世将怎么看待先帝？"他把徐阶赖以立足的根基《嘉靖遗诏》全盘推翻，那都是假的！

高拱之所以敢这样做，是因为他摸透了隆庆的心理——先帝虽然毛病多多，但批评得太狠，皇帝还有什么权威？所以，今后不许再批评了。

所幸隆庆头脑还是清楚的，他也就做到放了方士为止，并没有兴起反攻倒算的大狱，从而使高拱的清算活动大大打了折扣。当年追随徐阶的人，一个也没受到追究。

可怜当初最先跳出来攻击高拱的给事中胡应嘉、欧阳一敬，听说高老要出山，都因忧虑过度，给吓死了。

看来，隆庆皇帝还是很不错的。生活上腐败得一塌糊涂，政治上却清醒得洞若观火，真是一个奇皇帝。

但风向毕竟是变了，朝中一些原来依附徐阶的人，现在立马掉头，猛拍高拱马屁，拼命罗织徐阶的罪名，以洗刷自己，表示咸与维新。人间的老套大抵相似，转折之时，往往有太多的善变之徒。

徐阶与高拱两人，都还不是恶徒，互相较量，即使落败了也不失风度。反倒是他们各自的徒众，狐假虎威，做得十分过分。高、徐二人在狼狈时，被对方的恶仆再三折辱，恶仆的态度比主人还凶。此等炎凉，令当时的人也不禁感叹："宦途真如市道一般！"做官，也是有行情的啊，看涨看跌，人们的面孔大不一样。

海瑞也加入了倒徐的潮流。但他与众人有所不同，打出的仍然是信念的旗号。对昔日曾为他缓颊的大恩人徐阶，一点儿情面也不留，对徐家夺人田产的事，痛加制裁。这个人，当初读书时，可能读得太过专注了，始终执拗地认为——既然讲孔孟之道，那就不应该害民。

退田的官司接二连三，公差不时上门来逼迫。徐阶的儿子哪见过这个场面，从来没想过自己也会受压迫。于是慌了手脚，嚷嚷着让徐阶想办法，弄得徐阶狼狈不堪。他原想，只象征性地退一点儿了事，但海瑞不允，坚持起码要退回一半。他开导徐大人说："您不这样，这些草民怎肯罢休？为富不仁，对您又有什么好处？"

看到刚退休的首辅如此遭遇，江南一带的豪强，都知道大势不好，纷纷远走，以避祸殃。对海瑞强迫富户退田之举，明代的思想家李贽，后来给予了很高评价，说："小民从此才有苏生之望啊！"

豪强与草民间的等级秩序，就这样被海大人一举颠覆。看来，海瑞之所以流芳百世，自有民意的选择。

不过，皇权时代的等级架构，不可能因一人之力而改变。小民的欢欣鼓舞，总是转瞬即逝。海瑞的退田运动，到隆庆三年底，就遭遇了豪绅的强烈抵制。徐阶的三个公子，以重金买通言官，反诬海瑞是沽名乱政。大势如此，他们依然狂妄，说："千金能去一抚臣，则钱亦神矣！"顽固地相信，钱能摆平一切。

转过年，到了二月，海瑞果然被罢官。这位海大人，连皇帝他都不怕，面对一个庞大的利益集团，却只能连呼："奈之何！奈之何！"

只有高拱的根基牢固，不怕事。他接过手来，继续清查。对于海瑞，他也说了几句公道话。

他说：海公做的事，说完美无缺，当然不是；但说它一无是处，也不对头。他太过激、不近人情，当然不可；但把他为民做主的举措，全部废掉，则尤其不可（好个辩证法）。要是全部翻过来，弊端仍将在，则民心尽失，这绝非国家之利。

作为一个当国者，高拱是清醒的。谁在动摇这个国家的基础，民心这个东西有多重要，他不含糊。

对于徐家的不法情事，高拱让言官出头，向皇上检举。随后，应天巡按御史（都察院下派巡视官，直接对皇帝负责）就逮了徐家三少。高拱专门委任了一个人，来穷追到底。这人是他的门生，苏州前知府蔡国熙，此时正离职在家。高拱将他起复，不久又升为苏松兵备。高拱指示应天巡抚和巡按御史，凡是控告徐阶父子的事，都交给蔡大人来办。

官府严厉，百姓汹汹，徐大老爷算是掉进深渊里了，几次自杀未遂。徐阶的儿孙被整治得昏天黑地，牵着他的衣襟号泣。徐阶仰天叹道："我不过勉强逃过一死，哪里还能保你们活啊!"其悲惨之状，如坠地狱。

徐阶在做官之前，家里不过一普通读书人家，十七年大学士当下来之后，家中田产竟累积到二十万亩，其富甚至超过严嵩。他虽然不收贿赂，名誉尚属清白，但时人对他以权势谋财的行径，还是早有非议的。

昔日权倾一时，今日被人追索，分明是冰火两重天。不知他心中可有悔恨？今日事，够他铭记三生三世的。位高权重时，索求不能无度。只可惜，这个教训对他已经没用了。

清查进行了两年多，前首辅徐阶的贪财之名，哄传天下，三个逆子被发配戍边。一世的清名，就这样全毁了。所幸高拱还是个讲"费厄泼赖"的人，后来决定收手。张居正在此时，也极力主张罢休，多少也起了一些缓冲作用。

于是，高拱屡次致信苏松一带的当政者，要求对徐阶与其子给予宽容，其辞颇恳切，说："望当政之人，务必从宽处理，为徐公稍存体面。不要使此公在垂老之年受辱，这是我的心愿。"

高拱之所以没有"追穷寇"，就在于他认为目的已经达到。徐大老爷已尝到欺压百姓而遭的报应，也就算了。

他在与别人谈及此事时，曾经说："徐公之事，一切忘却。"徐阶既已不复当日气焰，黄粱已熟，大梦已醒，就让他自己回味去吧。

后世史家多认为，高拱对徐乃是挟嫌报复，说是高拱复出后，整治徐阶不遗余力。我以为，高拱的报复心理固然有，但从其为人来看，这样做，也有他向来容不得贪赃枉法的因素。前前后后，总体来说，高拱的所为还是相当磊落的。

徐阶有幸，终不至于死掉。后来高拱下了台，他便一直在张居正的护翼之下，晚年倒也无事。而且，是死在了张居正的后面。

世事何是梦，何是真？老人家算是领略到了真味。

再说高拱回阁后，仅居于李春芳之后，是为次辅，但他的权力资源无人可比，行事也就无所顾忌，实际上已具有首辅的权威。这时候，自然该下手来清理内阁了。当代有人评论说，高拱是个一流的政坛拳手，往日令张居正一筹莫展的人事，高拱一来，便手到病除。仅仅两年左右时间，文渊阁内，就被他打扫得干干净净了。

紫禁城内靠东边的文渊阁，原本是个藏书馆，明成祖正式建立内阁那会儿，没有办公地点，就借用了这里。后来就索性与这个皇家图书馆合署办公。皇上还下令，给文渊阁又添了几间平房，成了内阁正式的办公署。

高拱曾在这里受了徐阶不少窝囊气，今日环顾左右，也还是不顺眼的人多——这样天天空谈的内阁，还能办什么事？于是，他又来了倔脾气：我是谁？有我，就不能有你们！

这样强悍的人，一回来，势必和自负也颇高的赵贞吉形成对峙。说起来，高拱面对的还是一个徐阶留下来的老班底，赵夫子、李状元、张学士，都曾是徐阶夹袋中的人物。

李春芳无主见，事事退让，先搁一搁再说。张居正谨小慎微，又与高拱有不浅的渊源，可以相与为谋，放过不提。只有赵老翁，既是前首辅徐阶提拔的，又对徐阶倾心敬仰，新的内阁混战，自然是要拿这个老家伙开刀。

内阁充满了战前的紧张空气。最先忍受不了的，反倒是高拱的昔日袍泽——陈以勤。他虽并未卷入政争，但对高拱土持吏部的做法大有异议，不断上疏旁敲侧击。这当然触怒了高拱，不过念及旧谊，高拱也仅是一个不理睬就是了。最终，陈以勤觉得在内阁实在难以作为，便于隆庆四年（1570）七月归老田园了。

在高拱入阁后，赵贞吉见高拱执掌了吏部，权势太大，便也经过活动，兼管了都察院，成了科道领袖，声势也极大，与高拱形成双峰对峙之势。

隆庆皇帝对他们两个，都青眼有加，委以重任。的确也是，有这两个人看家，皇帝尽可以放心，只管夜夜金樽美酒就是了。

可是，像"一山容不得二虎"这样滥俗的俗语，有时往往包含的是千古不移的定理。高拱与赵贞吉，若真能如隆庆所愿，携手并治，那还真是朝廷的福。可惜，两人从来就没好好合作过一天。随着隆庆发出的一道整治科道的命令，两人立刻撕破脸皮，大打了一番。

强手过招，招数凌厉不说，还带有某种喜剧性。明朝人，这回好好看了一场文渊阁大戏！

两个人在朝中的势力，可说是各领了一支精锐军团，不分高下。高拱掌管的是人事系统，他的吏部，分管的是官员的注册、定级、考核、授衔、封赏之事，是往上抬人的。跑官的人，就要往这儿跑。不过，在徐阶任吏部尚书之前，吏部的官员们有个很严格的不成文规矩，就是决不与百官接触，而自成体系，免得老有人半夜敲门送礼。这个体系，还是比较清廉的。

赵贞吉管的是科道。科就是六科，其职能是针对六部的，我在前面已经说过了。道是都察院系统的简称。之所以称为"道"，是因为都察院下设了"十三道监察御史"，负责当时十三个"省"的监察之职。这是个垂直系统，不受地方牵制，负责监察地方百官、巡视郡县、纠正冤狱。都察院内部的两大系统，在明代公文里常常合称"科道"。其职责，可以说是往下砸人的；其官员，就是具有极大杀伤力的言官。

科道里的言官，绝大部分都是小官，六科都给事中仅仅是个正七品，一般给事中只有从七品，跟个县令差不多。监察御史也是正七品。官阶虽小，却可以弹劾一、二品的大员。这就是古代行政制度里有名的"小克大"原则，是为了防止官当大了谁也管不了。皇帝就拿这些"小萝卜头"盯着你，一动就检举你，有利于高级官员的防微杜渐。

科道官员甚至有权力批评和劝阻皇帝。当然，话说多了，皇帝有时也不爱听。就算是心里明白良药苦口，但谁喜欢天天被人骂呀？

好脾气的隆庆皇帝，就是让言官们给骂急了。一开始，他还能礼贤下士。有一次，御史詹仰庇上疏劝皇帝，不要疏远皇后，不该把皇后禁闭在别宫里，人都憋出病来了。这不是管到皇帝的家里来了吗？隆庆倒也没发作，只是批了几句狠话，说："皇后身体不好，去别宫是为了养病。你哪里知道内廷的事，光在那里胡说八道！"若换了是嘉靖，还不得打烂屁股？

隆庆就这样忍了四年，却因为一个事，不想再忍了。当时，是因为御史叶梦熊上疏，引用宋时典故不当，隆庆大怒，借题发挥，直接下诏（没通过内阁票拟）："科道官一向放肆，紊乱了朝纲。"要求对科道官员四年来的作为，来一次彻底考查。一天到晚说别人，你们自己难道就没问题？

这里所说的考查，跟我们今天的常用词义略有不同，而是含有整肃、追查、过筛子的意思。这是明朝历史上，皇帝对言官的一次总清算。言官们平时的那些猫腻，隆庆多少也明白一些，不信就查不出问题来。

这道圣旨一下，最高兴的是高拱。隆庆元年他被赶下台，就是这群言官捧徐大老爷的脚，一股脑儿起哄起的。这次回归，还始终没腾出手来算账呢。你们平素叽叽喳喳惯了，今日就要你们原形毕露，以前没人究治，那是时候没到。

这个突然的晴天霹雳，把赵贞吉阵营吓得不轻。老赵觉得捍卫言官地位义不容辞，便上疏反对："因此一人，遂波及于诸臣，并及前四年之诸臣，一时众心汹汹，人人自危。"言外之意，是皇帝你错了，我不能保持沉默。

赵阁老说得也很有理。他说，我翻了翻花名册，自陛下亲政以来，科道的官员先后有二百多人，中间难道就没有赤心报国、忠直敢言的吗？我们老祖宗设立科道，就是为了让他们"风闻言事"，听到什么就可以说。对与不对，还有执政的阁臣把关、皇上您亲自上裁呢！纵有不当，责罚也应仅止于说错话的人。哪里听说要将几百号人统统审查、一网打尽的，这不是要重蹈汉、唐、宋乱政时期的覆辙吗？莫非，从此就不让人说话了吗？

此疏一上，众言官精神为之一振！赵老翁，您说得好啊——我们都等着您的下文呢。

且说高拱恨言官，不是一天两天了，见赵阁老要护翼言官，不禁大为光火，立即上疏催促：既然皇帝您发话了，那就得执行。除三品以上的都察院长官可以自查之外，其余监察人员都要查一遍。到底有没有徇私舞弊的？不仅现在查，将来还要随时查。你们这些言官，好事干得不多，无非是些公室的豺狼、私门的鹰犬而已。你们道貌岸然，装的什么圣人？

不过，争论归争论，考查还是如期开始了。考查一开始，赵、高两人立即进入短兵相接。有时为了一个人的去留，在文渊阁从早上争到大中午，争得口干舌燥。

赵老这回也是拼了，就是要保护自己的下属。

就这样，赵老和高老，各执一端，狂怒地向对方使狠手。

——我说得不对吗？妄人！

——我说得也没错啊，疯狗！

两位大佬在文渊阁里杀红了眼，完全失去了理智。

高拱提出了一份惩治名单，要把赵贞吉在科道的亲信，一概罢黜！

赵贞吉立刻反制，也提出了一份名单，要把高拱的党羽统统摘去乌纱帽。哼，难道我平时是聋子瞎子？

双方这下僵住了，估计哪一边的屁股都不干净，拎出任何一个来，都可能"见光死"。这两份名单，要是一并执行，那这架打得也就没有意义了，成了自杀式袭击了。

事既至此，自然有人站出来调停：两位，有话好好说。调停的结果很快就出来了：双方都歇歇，你不追究我的人，我也不去揪你的人。

不过，高老有个附加条件：以前跟着徐阶跑，而现在又没投奔你老赵门下的那些，你就不要管了。

这下子，高拱一口气贬斥了二十七个科道官员。这数目看起来好像并不多，但明朝的六科一共才四十人，都察院十三道一共一百一十人，整个国家的监察系统才一百五十人。就这一百五十人，管着全国十二万多官员的违法乱纪问题。一百五十人一下被干掉了二十七个，占比也是很惊人的啊！

还有以前弹劾过高拱，今日自知不免，不等你来"考查"就自动辞职的，人数也有一批。

这次考查，是秋风扫落叶，只要没有赵阁老庇护的，一个不留。高拱长期以来，自己也笼络住了一些言官，谁要是替被罢免的人说话，这些高系言官就弹劾谁。瞄准一个打一个，简直是一场政坛屠戮。韦庆远先生在描述这场酣斗时，用了一个极其形象的比喻：阁内已俨然存在两敌国。

打完了小卒，还不解恨。高拱的门生、吏科都给事中韩楫，又冲出来，于阵前直取对方主帅。他上了个折子，弹劾赵贞吉在考查中营私，说赵阁老分明是个"庸横辅臣"，既无能又专横。他恳请皇上，速将赵贞吉罢斥，以清政本，以明法典。

这个韩楫，老早就是高拱倒徐的马前卒，场场恶斗都少不了他。

赵贞吉在心里恨：这高老恶霸，又放出这些癞皮狗了！于是，他立即上疏自辩。

老赵满腔悲愤，振振有词：皇上，您看韩楫不是在胡说八道吗？人要是无能，就不可能专横，专横怎么可能是庸臣的特长？您信任我，让我掌管都察院，我哪里敢不尽职？我以为，高拱本来就是内阁近臣，参与中枢机密，同时又掌握臣僚的人事权，这权力也太大了。皇上您委任我负责监察系统，不就是要我节制他的权力吗？十个月以来，他歪曲考查本意，放纵大恶之人，昭然在人耳目！如果我还不站出来说话，那可就真是庸臣了。像高拱这样，才谈得上是地地道道的专横。他姓韩的不就是想罢免我吗？行，但是请皇上在放归我之后，让高拱这家伙只负责内阁，千万不要给他这么大的权，免得让他到处结纳朋党。

好嘛，连老师都给逼出来了！高拱见状，寸步不让，也上疏作了答辩，就让皇上来评个公道吧。

老赵的上疏，言辞犀利，同时也充满逻辑性。而高拱的自辩，倒是很一般，无非是说，韩楫参劾赵阁老，是他的个人行为，绝非受我指使，而且我也没有放纵大恶。高拱强调的关键一点是，既然赵阁老这么看不惯我，就请皇上将我罢免，以谢赵老。

高拱将完了赵贞吉的军，这是又在将皇帝的军了。他给了隆庆一个明白无误的信息：不是他走，就是我走。两只老虎，不可再处于一笼了！

若是换了勤快一点儿的皇帝，可能就会分别去做工作：都是股肱大臣，看朕的面子，还是和为贵吧。但隆庆皇帝是个懒人，喜欢快刀斩乱麻，很快，诏书就下来了，其中没提赵贞吉有什么错，只是对高拱表示：你忠诚辅佐，办事公正，是我的左右手，怎么能引咎辞职呢？好好干吧，辞职不予批准。

满朝的人，都在等待这个裁决，现在清楚了——高拱全胜。

赵贞吉似乎很感意外。老头儿明白了，这是彻底输了。于是只好灰溜溜地夹起包走人，致仕回乡了。

隆庆皇帝对高拱，是铁了心信任。高拱的权力资源，可以说是一等一的。赵贞吉虽然也很受赏识，但恩宠的等级要低得多。两人的强弱之势，非常明显。认真说来，老赵最正确的战略，应该是采取守势。虽然你高拱很强硬，但我没有破绽，你也拿我没办法。而现在这样不顾一切地决战，胜负的结果只能有一种，老赵事先应该想得到。两个人比拼的，不过是恩宠的等级——那隆庆皇帝，是个愿意听讲理的人吗？

　　赵贞吉就这样走了。首辅李春芳痛心于徐阶势力的土崩瓦解，在这前后，也走了。高拱如愿以偿，升任首辅，同时内阁又补进了一个殷士儋。殷过去也是裕邸的一个讲读，现任礼部尚书。

　　注意到没？现在的内阁，很像是裕邸讲堂的翻版了。

　　"一朝天子一朝臣"，也是个滥俗的民间话语，不过，你能说它概括得不对？现在该轮到高拱捻须微笑了——河清海晏啊，如今的内阁，还稍微有那么点儿模样了。

　　封建时代里，官场排挤人的手段，连芝麻小官也都会。要想把你挤走，就给你制造不友善的气氛。对自己人有说有笑，对你则视若无物。无论你说什么，我就是一个反对。我这一伙里的人，哪怕是癞蛤蟆，我也要把他捧上天；而你，就是苏东坡再世，也能给你找出文理不通来。

　　可是，现在高拱领衔的内阁，还没有完全清理干净。新来的殷士儋，还不是高拱一伙的。裕邸的旧人都先后入相，他是进来得比较晚的，到隆庆四年（1570）十一月才入阁。老殷升得比较慢，就疑心是高拱不肯下力提拔。他这次入阁，有一些猫腻，走的是中官路线，来路不大光明，这样挤进来的人，高拱也真就不看好。高拱本来看好的，是自己的直接下属——吏部侍郎张四维。

殷士儋看得清这微妙局势，入阁后不久，就担忧自己的相位坐不稳，渐渐地对高拱起了异心。

殷士儋的背景，是隆庆身边的大太监陈洪，根底很硬，不大买高拱的账。高拱看老殷，也是如骨鲠在喉，不耐烦之极。这时，忽然又有御史郜永春，参劾张四维的家庭出身不正，是个大盐商，以往有过勾结官府的劣迹。高拱立刻疑心：这是不是殷士儋在幕后主使？

紧跟着，就有韩楫等人上疏，对殷士儋走阉宦的门路入阁提出异议。殷士儋见此情形，立即认定，是高拱在幕后主使。两人就此剑拔弩张。

这一天，六科的给事中会齐到内阁，按惯例与大学士们开碰头会。大家互相作个揖，然后开始议事，因此这例会的正式名称，就叫"揖会"。

这下，冤家正好碰了头。殷士儋走过去，对韩楫说："听说科长（原话如此）对我不待见，不待见可以，但不要被人当枪使！"韩楫听了一笑，未加理会。散会时，高拱忽然来了一句："做事不合规矩，哪行啊！"

一听首辅这阴阳怪气的话，殷士儋就知道，这是在讽刺他走内宦路线，顿时勃然大怒："你为了提拔张四维而压我，我没脾气。现在你又想驱逐我，给张四维腾位置，是不是太过分了？你驱逐了陈公，又驱逐赵公，完了又驱逐李公，现在又来驱逐我。你这种样子，就能坐得稳这个座位吗？"说着，挥拳就要痛击高拱。

老高急忙闪开，殷士儋连续几拳，都打在了案几上，竟是其声嘭嘭作响！

文渊阁里，演起了全武行。张居正在一旁不能袖手，连忙来劝，也被殷士儋连带着一顿臭骂。

这山东大汉，倒是个敢作敢当之人。为打人的事，有人弹劾他不成体统，他也就挂冠而去，不再玩了。这是隆庆四年十一月的事，至此，老殷仅仅在内阁干了一年。史书上说，他后来退居故里，闭门谢客，不谈世事，当陶渊明去了。

说来也巧，隆庆内阁先后落败的几位辅臣，陈以勤、赵贞吉、李春芳，包括最早高拱一派的那个郭朴，回乡后都能安居田园，或诗酒应酬，或徜徉于山水间，很令当时的士人羡慕，以为简直可比"凤翔千仞""松柏后凋"的仙人了。

他们的结局，很符合林语堂先生所说的"享乐人生"。看来，官场失败，并不就等于人生失败。在当时，只有当官当到了顶的人，入了阁又退阁，才能看得这样透。最躁进的，可能就数那些还在攀登途中的了。

文渊阁终于平静下来，依旧是静日生香。年末的冬阳，照在差点儿被殷士儋砸碎的案几上，竟也有一派祥和之气。

高拱坐下来，再环顾四周：身边只剩下张居正一个人了。

此刻，他最想对张居正说一句什么呢？

我想应该是——天下英雄，唯使君与"拱"耳。

第十三章

且看牛刀是如何小试的

诸位读史到此，一定看出了一个问题。"隆庆九相"（隆庆末期，高拱又引进了一个高仪，因年迈多病，干得不长，于万历元年死于任上）命多不好，数年的车轮大战，几乎人人都遍体鳞伤。两大派的主帅徐阶、高拱，在朝中是牵动全局的大人物，都不免身遭重创，先后黯然还乡。在这杂错的刀光剑影中，怎么会看不到张居正的影子？

他在前期受到徐阶庇护，避身于事外，倒也可以理解。徐阶倒台后，连累徐家班底接二连三地被逐，张居正何以能独善其身？他是徐阶最为青睐的大弟子，与闻"嘉隆交替"时的国家机密，这事情朝堂皆知。那么，他是怎样在徐阶去后保全自己的？他与徐氏的渊源，犹如胎记，而复出的高拱却可以忽略这一点，容他在新内阁里安稳地做少壮派，其玄奥又在哪里？

首先是因为他很幸运，其次是由于他很小心。能在隆庆内阁的行星大碰撞中，躲闪其间而毫发无损的，唯他一个人可以做到。

内阁两派，他是唯一与两边都有渊源的人，这是关键中的关

164

键。

他在高拱这一面，也有很深的根基。裕邸旧人这一身份（这要感激徐阶），使他与隆庆、高拱都有了一层只可意会不可言传的政治血缘。他虽然是徐阶物色的接班人，但同时又是高拱的密友，关系之铁，时人甚至用"刎颈之交"来形容。

按常理说，一个人，不可能同时属于两个营垒，除非是间谍。而张居正，恰恰就具备两个营垒的通行证。

属于徐氏，是因人事上的归属，这是一种牢不可破的关系。属于高氏，则是因观念上的契合，这在士大夫阶层中，又是一种同气相求的价值认同。

加之张居正昔日曾为裕王的老师，使得他比别人又多了一层保护。只要不犯大错，不卷入旋涡中心，起码别人不可能在皇帝面前搬弄他的是非。因为隆庆对大臣，一是看得准，二是看准了之后印象就永远不改。

说到这里，也许可以看出来了，正是他入相前的经历，使他拥有了左右逢源的资本。徐阶当年的安排，确乎是非常用心，令张受益匪浅。在一场又一场的乱仗中，没有一块砖是专门砸向张居正的。

此外，张居正得以自保，也源于他超乎寻常的谨慎。前期在徐阶的授意之下，他遵循不上第一线的原则，你们尽管斗，我只是一个沉默的卒子。属于哪个营垒，面目很模糊。因此在徐、高之战中，两派均未得罪。

但是，永远沉默也是不行的，时局一旦有变化，关键的时候一定要跨出一步。

在高拱反攻倒算时，他若再模糊就已经不行了，因为已没有了可靠的庇荫。再含含糊糊，就等于承认自己是徐阶的余孽，要被人指着鼻子逼问。因此，他这次有了态度，是基本站在高拱一面。

徐氏大势已去，能保住老命就算不错了，在隆庆一朝，绝无反攻的可能。以张居正之聪明，他没有必要去做无谓的陪葬。因为他往日的恩师，恰恰是他现在事业上的障碍、观念上的敌人。此时的局面已经非常明晰，高拱迟早会清洗内阁。而张居正所期待的实学用武之地，就在眼前了，他当然会站在高拱一面。

《明史·张居正传》也说过，高拱卷土重来后，两人关系越来越好。

张居正这样做，是在走钢丝。他自己也说是"畏行多露"，怕言行表露得过多，被人抓住把柄。

比如，在高拱返回后，如果无条件赞同高拱的话，就有可能被徐派指为卖师求荣。所以必须出面为老师求情。但如果求情的分寸不当，又可能被高派视为非我族类。

两阵之间，如履薄冰。隆庆初年的那些日子，张居正恐怕有很多失眠之夜。

所幸，他安然渡过难关。他的一个基本做法是，既与强势的一方保持一致，又要适度地同情弱者，这才是高明。

由于他是两大阵营中唯一与对方有渊源的人，因此失势的一方在危难时，需要他出面来缓冲。这个居间的身份，自然会让弱势者心怀感激，他也就因此避免了背主卖友的恶名。

——他为什么不湿鞋？因为他永远离河三尺。

那么，怎么来解释他的权变？

张居正是个热衷于执政的政治家，不是道德名臣，更不是圣人。他以权术立足，以事功为业。因此，以完美的品德标准来衡量他，显然有失公允，解释不了他的行为动机。

以往蹉跎于故纸堆二十年，如今相业已然到手，唯一遗憾的是内阁环境恶劣，不得伸展。那么他最基本的期望底线，就是不要被踢出内阁；第二愿望，则是廓清内阁，打造一个能干事的平台。

当年未能站出来，与老师一起共进退，甚至事后也感到某种愧疚，这是为了保住底线。徐阶当初安插他入阁，所期望的，也绝不是让他与自己共进退。而后，热情迎来高拱，两人关系日益密切，则是为了实现第二个愿望，大展拳脚。

这样一个人，说他狡诈、违反本心，逢迎了他自己并不赞同的势力，那是忽略了此人的复杂性。

他是一个很典型的表里不一者。人事关系的复杂交错，形成了他的这个奇特身份。徐阶的人，看到的是他的表，谅解他的苦衷；高拱这方面，看到的却是他的里，因而欣然接纳。

在历史转折点上，往往是这种表里不一的人，方能不被淘洗掉，从而将历史惊人地推进一步。

如果他没有这样的双重身份，而是非黑即白，那么无非是跟李春芳、郭朴一样，与领军人物一损俱损，从此心灰意懒，归乡终其一生。

他不肯对高拱落井下石，又为落魄的徐阶讲情，力助高拱清扫内阁，都是符合本心的行为，绝非违心之举。

况且，以大明官场的利益纠葛，即使是道德名臣，也不免有攀附强势人物之举。

隆庆元年，广东道御史齐康，上疏弹劾徐阶，说他两个儿子多助人跑官，家人横行乡里。徐阶以退为进，佯作申请退休，触发了徐氏阵营的全面反击，言官弹劾高拱的上疏，无日无之。如果仅此，高拱还不至于全线崩溃。恰在此时，直声满天下的海瑞放了一炮，直指齐康是受高拱指使，甘当鹰犬，目的不过是期望高拱登上首辅，自己能加官晋爵。海大人的词锋凌厉，横扫千军，要求皇上果断罢斥高拱。

连廉洁楷模都说话了，高拱立刻陷入了道德谴责的汪洋，难以突围。最终，以告老回家完事。

海大人的这番攻击，毫无事实根据，不过是滥用道德武器，私心里可能也有依附徐阶的意图。事后，果然就有升任应天巡抚的回报。至于整治徐家少爷，那已是徐阶离职一年后的事了。整治徐少爷，现在看来，不排除有洗刷撇清的嫌疑，不然不会做得那么绝。

然而一切已晚，高拱回阁后，说话一言九鼎，海瑞虽已对徐阶反戈一击，但旧账不可能勾销。三个月后，言官们刚刚对海瑞提出异议，海大人的官帽就保不住了。整治徐家少爷的事，由高拱自己接过来做了。

后来张居正秉政，终身未起用海瑞，除了嫌他操切太急之外，对他在反戈徐阶时的薄情寡义无法原谅，恐怕也是一个原因。

那么，张居正在隆庆前期，是不是只顾着保位了呢？不是。资料证明，在几场大混战中，他都在关键的时刻，起到了关键的作用，有时参与得相当之深。

他的某些行为，显然与"君子坦荡荡"不符，或密谋于室，或吹风于耳。各类史书、笔记上记载得很多，这里也不必避讳。但从他入阁以后，力图有所作为这一主线来看，这些机巧，实在算不得大罪大愆。

正史或笔记上所说的，张居正曾经"构陷""投隙""钩隐""乘间"等，十有八九，可能都是不存在的。

下面来简单梳理一下，他在"隆庆混斗"中，备受时人指责的几个小动作。

先是沈德符《万历野获编》说，高拱因与徐阶酣斗而被言官围剿时，张居正作为徐阶的门生，"为之调停其间，怂恿高避位"。意思是说，高拱中了张居正的招，不战自退。

可是，高拱一走，内阁无所作为的状态，将无限期地拖延下去，这于张居正究竟有何好处？

此事即使有，也无可非议。高拱那时，被朝中大佬和言官们集体抵制，已无回旋的可能，硬挺下去，恐怕连隆庆皇帝也将不知如何措置。如果张居正确实劝过高拱避开，那也是出于理性的考虑。联系他此前，不愿为徐阶提供攻击高拱的炮弹，完全可以推论，劝说高拱暂避锋芒，绝没有什么祸心。动机很简单——不愿见到高拱遭受更大的打击。

如果说这样做，是为了向徐阶讨好，那么我以为，以张居正与徐阶的亲密关系，他已无须再以这类行动去讨徐阶的欢心。

劝高拱"走为上"，不过是张居正出于本心，做了一件对朋友有利的事。

其次在徐阶离开的问题上，王世贞《嘉靖以来首辅传》说，徐阶被隆庆皇帝冷落，不得已上疏求归时，张居正意不欲阶久居上，且与高拱有宿约，于是就秘密告诉大太监李芳，说徐阶这次是真的不想干了，由李芳向隆庆皇帝传话，导致徐的求去被批准。然而正史及其他笔记上，并无关于此事的证据——王世贞是如何得知这些机密的？

徐阶在内阁固然是压了张居正一头，但他走后，仍然有李春芳、陈以勤排序比张居正高，那么驱徐的意义又何在？如果说驱徐是为了实现迎高拱回来的宿约，那么"驱徐"与"迎高"这两件事，相隔一年零四个月，似乎又不太可能有这种因果关系。王世贞在这里，恐怕是在想当然了。

再者就是赵贞吉被高拱驱逐，在明末和现代，都有人说是张居正挑拨所致。这倒是唯一能找到一点点事实的说法。也就是，这其中透露了在赵、高之争中，张居正的倾向非常明确。他为高拱出过主意，打过气，都有可能。当时两人已经处于联手状态，有默契也不足为怪。

之所以张居正要拥护高拱，前面已经讲过，是因为两人治国的理念相近。而就阁内的权力而言，驱走了众人，高拱也未见得能给张居正以更大的空间。从后来的事情发展看，张居正完全明白这个道理。

而赵、高决战，是由隆庆要整治言官而引发。没有这个触动双方重大利益的事情，赵、高两人也不可能激化到那个程度，赵贞吉实际上是被隆庆本人逼走的。说是因张居正进谗言，挑拨离间所致，恐怕是欲加之罪。

还有更极端者，沈德符言之凿凿地说："盖隆庆一朝，首尾六年，与江陵同事者凡八人，皆以计次第见逐。"把责任全都归到了张居正一人身上。

此说法倒有些令人不明白了：张居正一个一个、没有原则地驱逐人，难道他的感觉会很好吗？

依我看，张居正之所以遭到非议，是因为只有他一个人未被驱逐过。这大概又是一个"楚人无罪，怀璧其罪"的事例。

张居正没被驱逐的真实原因，应是由于他在内阁中的权力资源最小。徐阶这棵大树已经倒掉，张居正的裕王旧人身份，在内阁也不算很过硬的条件，就连淡泊内敛的陈以勤，在裕邸的资格都比他老得多。大太监李芳，本来倒是可以做他的一个后盾，但可惜后来已经失势。甚至在张居正之后入阁的殷士儋，在中官背景上，也足以让张居正气短。

——这就是张居正在内阁的实际地位，即人们所说的"末相"。说他是"末相"，指的就是实力最弱。

这样的一个脆弱者，对高拱或对其他人来说，只是一个无害者，因而在这个淘汰机制中侥幸被保留。

这就是庄子所说的，不材之木，方能终其天年，道理完全一样。

高拱之所以唯独留下了张居正，撇开别的原因不说，这应该是最重要的一个原因。当然，高拱也恰恰为此付出了巨大代价，这已是后话了。

隆庆一朝纷纷扰扰，张居正如履薄冰，但他还是做了一些事情。隆庆二年，徐阶走了以后，内阁与朝中官员的空谈之风略有减弱，张居正心里还是颇欣慰的。在分别写给几位朋友的信中，几次提起："近来士习人情，似觉稍异于昔。浮议渐省，实意渐孚。"

如果徐阶还在的话，便不会有盼头。《明史》上说徐阶的做事风格，是"阴重不泄"，也就是闷着。大家想干点实事，很难。后来的首辅李春芳好一些，虽然无能，但还宽厚，内阁多少就有了一点儿清爽气。张居正那时，年已过不惑，觉得年华非常不禁老，他愁的就是，总有人"欲守故辙、骛虚词，则是天下之事，终无可为之时矣"。

这是清醒者的痛苦。而盲者，就不会有看不清前途的迷茫。

人们总以为，告别了嘉靖旧时代，一切就皆圆满，人们再不会有怨苦。其实，无论什么时候，都会有特定的弊端，日子绝不因为"新"就自动完美。旧的荒唐过去了，新的荒唐又生，人们只好又忍耐。张居正也痛感，隆庆初政一年多，"风俗人情，积习生弊，有颓靡不振之渐"。

七月的时候，徐阶离开；八月，张居正跟着就上了一道《陈六事疏》。他要跟皇上陈述六件事。张居正等到这个时候，才把这个东西拿出来，是考虑了老师的面子，他不愿在徐阶当国时就表露出两人政见不合。

这个奏折很有名，实际是张居正的全部执政纲领。一共有六条，无不切中大明吏治的要害，是他为重振帝国开出的六条良方，即：省议论、振纪纲、重诏令、核名实、固邦本、饬武备。

他后来在万历年间，"当国十年"所为，无不是按照这个方案办的。奏疏把明朝存在的问题看得很透彻，读起来相当痛快，如同庖丁解牛。

大明朝这头蹒跚的老牛，还真就得张居正这样的人，来刺它几刀。

由于这个条陈是张居正后来十年新政的灵魂，所以在这里，我就逐条拣出来啰唆一下。

第一议，"省议论"。

张居正说，几年来我看见，朝廷间议论太多，或一事而甲可乙否，或一人而先褒后贬，或前后不觉相背，或毁誉自相矛盾。这就是所谓的政多纷更。如此，百姓又何所适从？

他接着说，又每见督抚等官，初到地方，即上条陈一道，或漫言数事，或更换数官，相沿成习。

——漫言数事，就如今日之"我简单说两句"，实是大而无当，泛泛不着边际。此外，新官一上任，不问青红皂白，就撤换中下层，凡是前任所用，统统撤掉。貌似更新，实则无实际意义，只不过看起来似乎是有所变动。

张居正又说：你看新官到任后的这种条陈，文辞华丽，看的人无不惊叹，不是说他有才，就是说他能干。其实新官刚到任，地方利弊，岂能尽知？属官贤否，岂能洞察？不过是听了人家的风言风语，随口说两句。时间一久，"说两句"说了些什么，恐怕自己也忘了。

张居正强调说：要办事，就不要七嘴八舌。像现在有些人施政，一开始就没考虑周全，听到有人说什么，就马上实行；没等见效，又因人言而止，弄得大家疑虑不定。旷日持久，难见成效。张居正主张，今后欲为一事，须慎之于初，务求停当，等到计虑成熟，便可断然行之。就是说，考虑好了再干，要干就干到底。

张居正还特别强调：皇上您应该叮嘱各部院，今后，要领会朝廷讲究务实的意思，一切汇报及报告，须简明扼要。是非、可否，给我明明白白说清楚。一众官吏要秉公持正，建立"诚行直道"的人际关系，以提高业务素质为要。这样，吏治才能有生气，官场风气也才能起变化。

第二议，"振纪纲"。

张居正说：我看近年以来，纲纪不严，律法形同虚设，上下都在姑息，百事全都付之因循。把模棱两可说成是调停，把委曲迁就说成是善处。律法所管的，居然只有微贱小民；强势者虽然违法乱纪，但谁也拿他们没办法。所有的纲纪，反而是只有制定纲纪的中枢在执行，下面的官吏，则有践踏法规之行，而毫无畏惧之心。整个官场，因循守旧之风渐成，举手之劳就能解决的事，就是办不成。

张居正说：在处理干犯纲纪问题上，人情当然可以考虑，但不能徇私，法律宜严不宜猛。我希望皇上奋起，掌握国家命运，把光辉照耀四方，申明法纪以整肃官风，握好权柄以日理万机。

张居正还强调说：奖惩赏罚，要统一于公道，而不能徇私。政教号令，一定要由中枢来决断，而不要被那些空谈所左右。凡是律法应该惩罚的，虽是权贵也不能宽恕；凡是受了冤枉的，虽是平民也须纠正。这样，体统才能正，中枢才能有威严，下面的那些官吏，才能懂得守法。

——张大人在这一点上，与商鞅、韩非等法家有相似之处，比较相信法律严明的效力。所谓"法必明，令必行"（《商君书》），乃是治理不正之风的法宝。

第三议，"重诏令"。

张居正说：各衙门报上来要处理的事务，关系到各地民情利害的，该衙门应考虑轻重缓急，按次序上报。中枢交办的事务，必须抓紧办理，事情才不至堆在一起。

张居正又说：天子的号令，就如疾风霹雳，如果风也不能动，霹雳也不能击，那么可能连自然的演进都要滞住了。

张居正强调说：近来中枢的命令多落实不了，抄发到各部之后，往往拖住不办。或是签一句批语就算完事，一切视为故纸，禁之不止，令之不行。诏令下来，各地官吏反应迟缓，甚至有查勘一件事十余年也查不完者。文卷堆积，多数不了了之，沉埋无影。可做证的人，一半都死掉了，事情便查不出真相，终致犯法者漏网脱逃。

张居正忍不住愤怒地质问：国有不伸之法，人怀不白之冤，是非何由得明？赏罚何由而当？

他特别强调：部院各衙门凡大小事务，接到诏令后，数日之内，应尽快回复。事情比较清楚的，要做个结论，不要再推到下面省里去议了。要是需要省里调查的，要严格立下期限，责令上报。部里设立登记簿，办的时候登记，办完后注销。超过期限的，要按违反制度论罪。这也将作为吏部考核官吏的依据之一。这么做了以后，人人都会拼命尽职，事情就不会堆在一起推不动了。

——史载，大明的官僚机构，到了嘉靖、隆庆这一代，凡有文件下来，官员都会签一个"钦此钦遵"（照办），然后就成空文。什么照办？谁还来理会！一年里，文件不知道有几麻袋，办没办，天知道！文件本身就是一张纸，它又没有知觉，这事是没人来管的。各部衙等于瘫痪。你看各层，都有官员在位置上，也经常有一些"揖会"，传达旨意，但实际事务压根推不动。

第四议，"核名实"。

张居正说：臣每见朝廷用人之时，吏部长官就要慨叹缺乏人才。窃以为，古今人才的人数和水平，应该都差不多。倘使皇帝使用赏罚之权，驱使天下之士，那么，什么样的人才搜罗不到？而说世上无才，臣不信。问题就在于提拔上来的官吏，名不副实。选拔时没有用心考核，选上来的，并不是需要的人。于是皇帝对下的赏罚不分明，下面都存心投机取巧。可悲的局面由此形成：老牛和千里马同引一车，两者都疲累；南郭先生混迹于乐队，人才怎能不缺？事情如何能办成？

张居正说：一般来说，器必试而后知利钝，马必驾而后知优劣。现在用人则不然，把一个人称作人才，却不通过实践检验；任命了某人之后，不考核他的成绩；办砸了事情的，又未必给了适当处罚。因此，荒谬也就由此而生：质朴老实的，被讥为无用；大言无当者，以虚张声势窃得名誉；超凡出众的，被说成不合时宜；而拍马奉承的，则以假象欺世。

有人虽有才干，却因为位卑而被忽视（下属总是无能的）；而才干不济的，因有虚名而备受尊重（头衔越多越好）；有那偶尔做成了一件事的，终身都能拿来吹牛；有人偶尔出了点儿差错，则议论纷纷一巴掌拍死。

更成问题的是，官吏往往在一个岗位上任职太短，不等他干成什么，人就走了。更调太繁，迁转太骤，人怎能有责任心？还有就是，对待官吏太过讲资格，因而毁誉都不符合实际。

张居正说：世不患无才，患无用之道。没有好的选人办法，如何能行？如果得其道，天下之士任由皇上挑选，不可能挑不出适用的。臣愿皇上慎重赏赐，用人一定要考核其实绩，任命必须看准了人。有功于国家的，虽千金之赏、封侯之印，您也不要心疼；无功于国者，就是一个笑脸也不能给。

张居正强调说：请皇上命令吏部，要严格考课之法，务求名实相符。凡京官三年期满、外官六年期满，都不得随便连任、滥给恩典。吏部必须明白开具"称职""平常""不称职"的评语，以为备案。至于官员的升降进退，一切以"功实"为准，不要被虚名所惑，不要拘泥于资格，不要太顾虑舆论，更不能掺杂个人爱憎；不要以一事概括其一生，不能以些微瑕疵掩盖其大节。

在京各衙的副职，须量才录用，主官一旦出缺，就以副职补上，不必另找。部院本系统下属各省的官员，有熟悉规则、尽职尽责者，九年任满，吏部可以授予京官之职。级别高的可转任本部的司级、副部，其他级别可直接调用，部院就不必外找了。

——张居正的这一议，相当重要，是他日后厉行"考成法"的蓝本。专制皇权下的知人用人，一直是令人头痛的问题。奸猾官吏，有看脸色吃饭、奔走逢迎的，往往官运亨通；干练下属，有埋头苦干、办事较真的，不是默默无闻，就是得罪人多，日久不得提拔。如此选拔，人心不服，哪里会有士气？

第五议，"固邦本"。

何为邦本？国家之本也，就是老百姓富不富、社会稳定与否的大局。这一条，张居正说得言辞恳切，逻辑严密，即使我们在今天，也不得不服——原来古人什么都明白！

这一条，也多含有法家思想。法家，总是要讲强国、讲实际的，刨除那些不近情理的严酷，多少还是有一些真理。现在常说的"以人为本"，就是法家管仲曾说过的。他说的是："夫霸王之所始也，以人为本。"（《管子·霸言》）可以说，这个认识很超前了。

我们来看张居正怎么谈。

张居正首先讲：我听说，帝王之治，欲攘外者必先安内（这一条万不能滥用）。《尚书》说："民为邦本，本固邦宁。"即便是古代大治的时代，也有外患和盗贼，但百姓却能安乐，丰衣足食。何故呢？因为邦本深厚坚固，所以无虞。如果百姓愁苦思乱，民不聊生，外患内盗才会乘机而起（张居正的意思是说，这个因果关系不要弄反了）。安居乐业的百姓，一般喜好仁义，过不好日子的，就容易为非作歹（危民易于为非），这是势所必然。

他说，去年因为是元年，国家减税一半，结果国用不足，边防开支又大，国库空虚，不得已派了四个御史分道去催税款，这固然是权宜之计，但百姓就受不了。臣近日听取了外官的议论，都说这事情办不了啊，原因是御史作为钦差出去，目睹百姓穷苦，又没有别的渠道清理欠税，只好将各地官库的储存全部调到京城来，以致各省库藏空虚，一遇到水旱灾害，眼看百姓饿死而没办法救济。这么弄，还没等国库充实，国家元气就已消耗殆尽。

张居正还说：矫枉者必过其正。在当今民穷财尽之时，若不痛加节省，恐怕这局面就不可挽救了。我叩头恳请皇上念惜民穷，多给百姓一点儿实惠，凡是不急的工程，没有益处的征收摊派，一切都应停免。您本人则应该崇尚节俭，为天下先。

我乞求您下令吏部，要小心选择好官，让他们善待小民。考查官员贤与不贤，要把那些律己廉洁、实心爱民的，作为"上考"，尽快给予升官。如果只会巴结上司，企图跑官要官，而无实政惠及老百姓的，即使有才干，也只能给予"中考"。有贪污显著者，严限追赃，并押送到边地管制，什么时候退完了赃，什么时候另行发落。

张居正强调，陛下应责令户部反思，为什么天天琢磨找钱的方法，却还是财政匮乏？其弊端何在？现在准备的新举措，是根据什么原则？当今风俗奢侈，官民穿华丽衣服，造豪华大宅，都没有什么限制。豪强兼并土地，赋税不公平，偷税漏税，恃强不纳，田赋征粮偏重于小民。各衙门私库到底存了多少钱粮，漫无查稽，谁也不清楚。假公济私盛行，官吏当然会滋生贪污之心。

张居正痛心疾首地说：上述种种，皆耗财病民之大者。如果能严厉追查那些私吞国家财产的家伙，把他们除掉，又何必求索于穷困之民，而消耗国家的元气呢？

——张居正一点儿也没有危言耸听。明代自正统年间以来，财政情况就一年不如一年，每况愈下。《真定府志》载，成化以前，民间除了两税、草马（供给边防用）之外，不过给官家服几天役而已。到了弘治以后，中央和地方两级，每年增派的税收多了十倍。官员凡是级别高一点儿的，都盯着下面的财富，公派的私加的，像老鹰攫肉，必获乃已。小民怎能不因贫困而逃亡？乡里丁壮少，不足服劳役的人数，就加派田赋。这情景怎么得了！

史载，当时的官员考核，就是只看税收如何，其余公务考核，不过虚应故事。到了当下这位隆庆爷，更是专派御史到各地去清库，哪里有点儿钱，就运回皇宫来供他玩乐。天天晚上狂游灯会，喝酒取乐，以为盛世已至。

第六议，"饬武备"。

就在张居正上这道奏疏的前一年，隆庆元年九月，秋高马肥，俺答曾率六万骑犯边，寇大同，陷石州。另一彪人马是土蛮部落，犯蓟镇，抵滦河，导致北京再次戒严，有人甚至吓得弃官逃走。到十月敌人才退去。大明帝国又被折腾一回。

张居正是个博览群书的人，颇知兵事，负责国防后，更是相才与将才兼备，确有些诡异的天赋。他对军饷、兵源、选将等诸多事宜，都有独到见解。同时他还提出了举行"大阅"的建议。大阅，就是阅兵。一是能够检验官兵的能力勇气如何，二是可宣示远近，让人知道皇帝已加紧了军备，以此杀一杀狂虏的锐气。

从最初张居正上《论时政疏》起，已经十九年过去了。这十九年，官场的历练，把他造就成了一个真正的相才。当年还不过是书生论政，颇逞意气，现在提出的这六条，都是成熟的治国之道。

《陈六事疏》的命运，也要比从前的那一道疏好些，隆庆好歹批了几个字："览卿奏，俱深切时务，其见谋国忠恳，该院部看议行。"

奏疏交到各部去议了，有些大臣不禁感到兴奋，总还可以谈论一下实事了。随后，都御史王廷、户部尚书马森、兵部尚书霍冀，都有谈感想的折子上来。不过说一通，也就罢了。

张居正可能会失望，也可能会彻底明白——明朝的变革，靠的不是观念，而是权力。一个末相，说得再多又能怎样。当然，后来在万历年间也有人看出来了。他的这道奏疏，虽然没有毛遂自荐，但自我推销的心机已经表露无遗。张居正多年后回忆，说此举系往日冒昧，才妄上陈言，也是激于时弊，不得已的事情。

冒昧还谈不上，有激情倒是真的。

张居正的条陈一上，与高拱的思想不谋而合。高拱在嘉靖四十五年，也有一个《除八弊疏》准备上奏，不巧老皇帝要咽气，就压下一直没交。高拱的条陈，简直就是张居正《陈六事疏》的另一版本。我想，因为这个《陈六事疏》，高拱对张居正另眼相看，视为同道，是大有可能的。

《陈六事疏》中，法家的痕迹太重，当朝的心学一派和因循官僚们自然如芒在背，诬张居正为"小人"的舆论，也就此发端。

可是张居正白白背了这个锅。条陈在皇帝那里，几乎没有反响。

但隆庆独独对大阅十分感兴趣，他和武宗一样，都愿意披战袍、跨骏马，扮演一回大将军。上疏第二年五月，隆庆下诏要准备秋季大阅。到九月，十多万人马齐集京城，京营、边将、爵爷、锦衣卫轮番操练，比试骑射。一时间也是烟尘滚滚，煞有介事。

当时和后来都有人反对这次大阅，说是劳民伤财，花了二百万两银（有夸张成分），只不过摆个花架子。说是张居正为讨好皇帝，才出的这馊招，天下有被你阅兵吓住的敌人吗？有钱还不如接济一下边军家属。但是阅兵毕竟起了点儿心理作用，境内就一度哄传要收复河套了，估计俺答也知道了风声。

隆庆初年张居正的这个上疏，不过是他后来龙吟虎啸的一声初啼。入阁后，他这还是头一次露锋芒。昏昏者只见其奇谈怪论，昭昭者却能见出他志在廓清。当我们明白了他的抱负之后，就不难找到他与高拱愈走愈近的原因了。

大明帝国沉疴在身。这样庞大的一个国家，一时又死不掉，等待的就是有回天之力的国医，能够给它痛快地来上一针。

上天不负张居正，给他送来了一时瑜亮的高拱。自隆庆三年起，两年之内，高拱赶走了内阁里挡道的腐儒，开始了史称"高张联立"的祥和时期。

兄弟俩，终于可以做些事了吧？

时人对此曾有议论说：隆万之间，最有名的阁臣有二，一是高拱，一是张居正。两公有异姿，获殊宠，登鼎贵之位，建震世之勋，大略都是相同的。

所言极是。

有异姿者，必有庸人难以认同的异行。生也苦短，哪里还能顾得上"谤书盈箧"呢？

> 僚直几回清坐久，隔帘时有御香飘。（曾棨《东华门内新馆初成入直有作》）

这样的机遇，人生能有几回？趁着东华门的紫气冉冉飘起，该出手时，就出手吧！

第十四章

锦囊妙计化干戈为玉帛

张居正入阁的头三年，负责的是边防军务。文渊阁里，书香满溢，但边塞的警号却常常扰了他的清梦。

书生报国，也须知兵。张居正年轻时，学的是"万人敌"，兵法谋略读了个烂熟，进翰林院后，又研究过山川形势，对于如何御敌，自是了然在胸。此时，正是他施展的好时机。

务实的事情，向来是知易行难。经天纬地的办法，说谁都会说，但到了实际去做，你面对的，简直是一团乱麻。

大明帝国的北边，有凶猛异常的鞑靼，这是大明的百年噩梦。北宋覆灭的悲剧，也是本朝大臣经常要提起的一个话头。为了防备北方强敌，明朝修筑了漫长的边墙。边墙之内，共设有九镇（九大军区）：辽东、蓟州、宣府、大同、延绥、宁夏、甘肃、太原、固原。这就是所谓的"九边"。这一线连绵的边防，看起来威风凛凛，实际上却挡不住鞑靼铁骑。

明代的"边兵"，还算精锐，可以用来一拼。"京营"（即京师三大营，内含团营）就要差得多，但也还能打。至于其他各州府军籍的兵卒，全部沦为了杂役，给衙门和官宦人家义务建房、背粮。那时，连一个秀才都可以支使兵卒给自己干活，因此全国兵员约二百七十万，百分之七十以上是在当劳工。

国家出了官田养兵，结果给大小官员们养活了百万劳工。要是当初创建军籍的朱老皇帝能起死回生，可能当场就要气晕！

九边的兵，是用来打仗的。边境一吃紧，兵卒当然就不够用，需要添人，而添人就要花钱。边防开支之巨，让张居正无法安睡。嘉靖初年，每年所费才不过五十九万两，到隆庆这时节，早已飙升到二百六十万两以上了。

当时的情况是，边将日请增兵，兵部日请发饷，张居正头痛得很。不仅如此，他还怀疑：兵马数目是不是实数？军饷是不是都用在了实处？这中间的漏洞究竟有多大？

他在给应天巡抚的信中，谈及此事，也只能叹道：如今边费日增，每年所入之数，尚缺少四十余万两银，然而民力已竭，费用全无着落。日夜忧之，不知所出，徒唤奈何！

前方兵不足，将领也有一半是畏战的。俺答部落统共才十万余众，其精锐不过三万，兵锋所及，竟像是在自家园子里遛马。若不是边将怯战少谋，边患又何至于如此难纾。

中枢兵部的主政者，又是油滑的官僚霍冀，对边将冒功领赏的劣迹，睁一只眼闭一只眼。而对真正能退敌的将领，又故意压住不赏，大概是要看贿赂多少而定。如此赏罚不公，即使有敢拼的边将，也不愿拼了。

堂堂大明的兵部，国家安危之所系，居然有这样的尚书！大明的所谓边防，不是跟开门揖盗差不多了吗？

危若累卵之势，张居正能否撑得住？看他写给各边将的书信，我们不得不佩服他确有帅才。

首先，他调派了王崇古、方逢时、谭纶、李成梁、戚继光等将，各统大军于九边，成掎角之势。这些人，都是一代名将，后来的表现也不俗，没有辜负张居正的厚望，守住了最吃紧的蓟辽一线。

张居正是聪明人，他知道，事情千头万绪，唯有打仗来不得虚的。用将，就一定要用能打的。严嵩虽然奸猾，却只用了个草包将军仇鸾，有何用？只能在皇帝面前给自己丢分。

对于前线的军事，即便是小问题，他也很留意。国运之所系，在这个时候，是万万做不得赵括的。

张居正入阁后不久，蓟辽总督谭纶建议，要在蓟镇前线修建敌台，也就是碉堡，每一里一个。台内驻扎兵卒，平时负责瞭望，战时可以出击。张居正立即接受了，并督促操办，用了一年时间，大功告成。他在写给谭纶的信中，问得颇详细，能看出他绝不是个虚浮空疏之人。

他问：昨天看到你的建议疏奏，这的确是个"设险守要"的好办法，兵部马上就要批复了。但你说一个敌台需要五十个兵，那么一千里就需要五万人。不知这五万人是让原来镇守的兵充当呢，还是另外找。要是用原来的兵，那么城里怎么守？若是新增的话，那么兵源又从何而来？

他又问：看见你说的这敌台，周长才有一丈二，虽然说的是收顶之式，但我揣摩，基础也不过比这大一倍而已，这么小的地方，五十个人怎么周旋得开？还有士兵的衣、粮、柴、水之物充塞，不是太狭窄了吗？如方便的话还请指教。

再来看一段他对蓟辽督抚的问询函内容。

他说：我最近听说蓟镇的军粮，是要求士兵到一二百里之外去支取，士兵都以为苦。他们一户数口之家，就依靠这一石粮活命，现在不仅发放得不及时，且斤两还不足。又要他们到数百里之外去等候领取，往返道路，雇人雇车，这钱是谁出？名义上是一石，其实不过八九斗而已！况且近来又有一些摊派，都在这粮食里出，这么干，想让士兵吃饱，为国家克敌御侮，那能成吗？我听说，按照过去的制度，各驻地都有官仓，仓库如今虽然有损坏，但制度还在，官员也还在，能否修理一下，就近发放军粮呢？此事你也不必上疏了，直接和管粮郎中商量个办法就是。

一个执掌朝政的高官，看见下面有报告上来，不是简单批几个字就算了，而是举一反三，刨根问底，心细如同老农伺候庄稼，我们能嘲笑古人不会办事吗？

兵部尚书霍冀，曾有赏罚不公的事，张居正便据理斥责，予以纠正。兵部是显要部门，并无规定一定要服从大学士的指令。大学士斥责在任兵部尚书的事，在明代极为罕见。张居正就是这样一个打破常规的人，心中郁闷，他就要说。

谈到赏罚之事，他自是不无感慨：世间就偏偏有一种幸灾乐祸之人，妒人有功，阻人成事。何时大小臣僚不再有内斗了，国家就不会这么疲弱了。

张居正在运筹边务的过程中，最令人称道的，就是坚决保护了戚继光。

戚继光是一员古今罕见的奇将，号令严，赏罚信，训练士兵的军法和制敌的战术，都属空前绝后，士兵皆愿为他效命。中国古代具有个人特色的队伍，除了"岳家军"之外，就是他的"戚家军"（以义乌募兵训练而成）。不论是抗倭还是御虏，其作为，都是可圈可点的。

这个戚继光，在后世名声之大，达到无人不知的程度，人人皆以为他是近乎完美的人。其实他的个人品质，还是很有些问题的，好行贿，好争功，时人对他议论很多。高拱还一度参过他。但张居正看准了他是栋梁之材，从中缓颊，让他"带病"留任。

当国之后，张居正更是依赖戚继光镇守北方。时人称，戚继光在镇十六年，蓟门宴然，什么事也没有，可谓名将名相，相得益彰！

初闻铁骑近神州，杀气遥传蓟北秋。（《闻警》）

这还是张居正在庶吉士毕业后作的诗。那时，他只是慨然一书生，而今边塞的防务，就在他的案头处理。遥闻鼓角，北望燕山，回想年轻时的报国之志，总算没落空吧。

此时在关山的那一边，与张居正对垒的，就是威名赫赫的俺答汗。

这个俺答汗，又叫阿勒坦汗。他是一位蒙古族的大英雄，要说起他来，也是需要一本大部头书的。

俺答的世系相当显赫，是土默特蒙古部的首领达延汗的孙子，属孛儿只斤氏，是成吉思汗黄金家族的后裔。他所属的蒙古部落，是由被明成祖撵到漠北的北元延续下来的，明朝人称他们为"鞑鞑"。

俺答的崛起，就在嘉靖年间。开始他只是个部落头领，其部游牧于阴山南麓及河套一带。嘉靖三年后，屡次帮助其兄吉囊，攻掠兀良哈部。嘉靖十一年和十三年，两次攻入西海（今青海），大败亦不剌和卜儿孩。后又屡次出兵攻击瓦剌部（就是逮住了明英宗的那个部落）。还多次攻掠明朝的大同、宣府与延绥，每战必胜，渐渐地成了气候。

嘉靖二十一年，兄长吉囊死了，俺答当仁不让，将其兄的部众收归名下，控制了蒙古右翼三万户，自称"司徒汗"，与大汗（达延汗的继承者，明朝人称为"小王子"）分庭抗礼，并进而吞并左翼一些部落，迫使汗廷东迁至义州（今辽宁义县）边外。

这下，他成了蒙古部落里最有实力的一支，所控制的范围，包括了当时蒙古的大部分，东起宣化、大同以北，西至河套，北抵大漠，南临长城，还曾一度用兵西藏。

俺答部落纵马塞外，感觉什么都好，就是日用品不足。老百姓的铁锅用坏了，得不到新的，贵族的绸缎衣服穿烂了，也无法更换，因为当时明朝执行的是拒绝"贡市"的政策，不允许边民与他们做生意。

所谓贡市，意谓"朝贡"和"互市"。朝贡，就是他们派使者向明朝进贡马匹，朝廷给予一定报酬，有时报酬还很丰厚，不一定等值，可算是一种特殊的贸易。互市，就是边境贸易，在平民百姓之间展开。

俺答为了让自己的人有铁锅可用，曾屡次遣使到明廷，请求贡市，都被嘉靖皇帝拒绝。俺答没有办法，就只好来抢。他趁着严嵩专权时的朝政紊乱，多次发兵扰边，动辄出兵几万、十几万，杀死明朝总兵以下的各级武官先后有二十三名，令大明举朝震惊。这种攻掠，也有以武力逼迫明朝开放贸易的意思。

嘉靖二十九年（1550），十万蒙古铁骑威逼北京的"庚戌之变"，是其中震动最大的一次。

看到这里，也许有人会问：明朝边境的形势为何如此紧张？

原因是国防线太脆弱了。

当时北京以北的防务，主要靠辽东、蓟州、宣化、大同这四个镇。明朝设立了蓟辽总督与宣化总督各一名，各自把守一方，像两个拳头护住北京。辽东方向，起初尚无敌兵骚扰，宣大一带有险要可守，所以最薄弱的就是蓟州。从北京到山海关一线，仅有的屏障，就是一道边墙。蒙古铁骑随时可越过喜峰口、黄崖口与古北口冲进来。

敌人一入境，可在数天之内，奔袭至北京城下。蓟辽重镇，瞬间就成了外线，只能远远地干看着。

京城的几次戒严，就是这么造成的。

一切问题，都是从明成祖放弃三大卫引起的。长城以北，没有我方一兵一卒，等于敌人就在墙根底下。也曾有人提议，应该恢复大宁卫，屯以重兵，与辽东、宣府互相声援。如果有了这个重要屏障，北京的压力要小得多。

正如后人所说：明初的边备，自辽东绵延至大宁、开平、宣府、丰胜、大同、宁夏、甘肃等地，形成一线，东西延亘，如指臂相依，呈现全盛之态。理想的边防，就该是这个样子。可惜，要恢复大宁，起码要派出精兵二十万，而且还要打得好。不过，兵从何来？将又安出？御敌的豪气今天还有没有？如今的明朝君臣，再不是明成祖征漠北的那一代人了，压根儿就只是说说而已。

当然，俺答也是生不逢时。他没有老祖宗成吉思汗那么好的运气，大明不是大宋，大明说什么也比宋要强盛，京城又在北方边境。明成祖当年迁都的这一决策，倒还没错。京城在边境，边境的武备相对就强。北京一有警，从各镇赶来勤王的兵到得也快。俺答纵是凶猛，每次也只能打到北京城下。北京拿不下来，往南就不敢再进一步。

到隆庆初年，双方的强弱开始易位。由于朝廷已调谭纶总督蓟辽、保定；王崇古总督宣府、大同、山西；戚继光总理蓟州、昌平、保定三地练兵，北边的防务稍有复振。

北边有名将镇守，又有张居正、高拱在上谋划，至隆庆四年，明虏之间的遭遇战，明军已是屡有斩获了。

可是，这片阴云何时才能彻底驱散？

世代宿仇，不是轻易可以破解的。以明朝目前的国力、兵力与士气，可能永远也别想"封狼居胥"了。

可是，张居正的一生，似乎每一步都有天助。隆庆四年（1570）九月，一个千载不遇的机会来了。

边境上突发了一个小小的事件，猛然间牵动了全局。究其原因，是因为一个漂亮女人，历史因为她陡然改变了走向！

但事情说破了，却十分搞笑。原来这是俺答家族里闹的一次绯闻。

俺答的三儿子早年死了，留下一个遗孤，名叫把汉那吉。这个小孙子，是奶奶、也就是俺答的老妻一手带大的。

把汉那吉长大后，娶了妻，可是他又看中了姑姑的女儿——表妹"三娘子"，于是下了聘礼，娶回家中。想必那三娘子一定是漂亮异常，颇解风情，日后才可能惹出那样一场大祸来。

把汉那吉抱得美人归，心满意足，但他没高兴多久，一顶铺天盖地的绿帽子就把他给扣住了。给他戴绿帽子的，不是别人，正是他的亲爷爷。

据记载，这三娘子，是蒙古鄂尔多斯部落的公主，为俺答的长女所生，按辈分是俺答的亲外孙女。爷爷看上了外孙女，这在后世看来，不可思议。但按当时部落的风俗，这没犯什么忌，而且是两相情愿。

不久俺答就公然娶了三娘子。

这事情未免太过离奇，于是，也有另外的说法，即三娘子并非俺答的外孙女，俺答看上了这小女子，想走个曲线夺过来，就把孙子所聘的这名女子，许配给了鄂尔多斯部落，这才惹恼了把汉那吉。

关于三娘子的出身与婚姻，史籍上有多种版本，在这里无法逐一考证。

不管怎样，被爷爷抢走了媳妇，真乃奇耻大辱啊！把汉那吉将满腔怒火撒向了爷爷，一赌气，带了正妻和自己奶妈的丈夫，一行八个人，跑到长城边，在大同镇的败胡堡叩关，要降大明。

把汉那吉声称，要去大同镇，指名要见大同巡抚方逢时。

在古代，这叫"降人"。降人到了，大明这边却是一阵慌乱，认为就这么几个势单力孤的降人，后面肯定会有大兵来追讨，这不是要惹起战祸吗？收留还是不收留，众说不一。

巡抚方逢时不敢擅作主张，立刻转报宣大总督王崇古。

王崇古十分机敏，凭直觉，就感到转机来了。他认为当然可以收留，命令方逢时多派兵卫，迎接把汉那吉进关。就这样，五百名盔甲闪亮的汉家骑兵，把这倒霉小子给迎进了巡抚衙门，当起了贵宾。官府给他们丰厚衣食，但不许乱走乱动，等于软禁了起来。

当时有部将谏阻说："一个孤竖，何足重轻？不如勿纳为是。"王崇古反驳说："这是奇货可居，为什么不收留呢？"

又有部将建议，不如斩了算了，挫一挫俺答的气焰。王崇古则坚决反对："一个胡人小儿，斩之何益？北虏内讧，老天送给我把汉那吉，正好以此肃清胡尘，说不定这就是停战的机缘。"

张居正没有看错人，王崇古的确是眼光犀利，他扣下把汉那吉之后，与方逢时联名拟了一道上疏，谈了自己的意见。

王崇古考虑得十分周详。他说：这是上天惩罚他们，让他们骨肉叛离，千里来降。我们应该给这小子豪宅住着，美食吃着，但严禁出入，以防有诈。如果俺答到边境上来要人，我们就要求开互市，让他们把"板升"（明朝的叛逃者）给送回来，归还掠去的人口，然后我们再把这个小子礼送回去。这是上策。

如果俺答无可理喻，拥兵来犯，我们就明白告诉他，要杀掉把汉那吉！俺答一定怕，不敢太猖獗，这时候我们再提出条件，他必应允。这是中策。

还有一策也不错。如果俺答不管孙子死活了，咱们就把这小子安置在边境外，令他招降部众，犹如汉朝的属国乌桓国。等到俺答老死了，给把汉那吉一个名号，俺答的儿子辛爱一定不忿，要兴兵来争，那就让他俩打去吧。如果双方僵持，我们就平安无事。如果双方厮杀，我们就声称要派兵去援助把汉那吉。他们互相争斗，根本没工夫来侵犯我们，我们也就可以休养生息了。

要是按照旧例，把降人安置在海滨，俺答就会日日南侵不止。如果分配给诸将，让把汉那吉随营立功，他一个少爷，受不了约束，日久必然生怨，早晚要跑回去，说不定还会惹出祸事来，得不偿失。这是下策。

——上面几个对策，无懈可击！王崇古出身于山西巨商之家，的确精于算计。他和方逢时，都是嘉靖二十年的进士，两人从政后，又都一直负责军事，始终想的都是如何能不战而屈人之兵。

与此同时，与俺答接洽的事，也开始部署，方逢时准备派百户鲍崇德去和俺答谈判。

张居正在事发后不久，就听到风声，连忙写信去询问："昨天有人自云中来，说'虏酋'有孙儿一人，率十余骑来降，不知确否？若真有此事，对边事来说大有关系，公应当审慎处之。"

接着，王崇古的上疏就到了，高拱和张居正看后，不约而同地拍案叫绝。他们都看出了解决问题的契机。高拱回信说："这是数百年所无之事。"张居正在回信中也说："此事关系至重，制虏之机，实在于此。"

王崇古在奏疏上提到的板升，是指一伙叛逃者。这伙人以赵全、李自馨（曾是明朝的生员）为首，投了鞑靼以后，在边境以外，诱聚明朝的逃民、降人、乱兵与秘密教众，渐渐聚起了几万人。又在丰州筑了城堡，开水田，过起日子来了。板升原是蒙古语房子的意思，当时就特指这些住房子而不住蒙古包的汉人。

板升的成分很复杂，叛逃的原因也不一，有的甚至颇令人同情。但是他们投降敌方后，出于对明朝的愤恨，常常鼓动和诱使鞑靼杀掠明朝边镇，自己也参与其中，这就无可原谅了。

为首的赵全，是个极聪明的人，对明虏双方的形势洞若观火。俺答视其为心腹，每次出征，都要先到赵全家里喝酒议事，商量完毕，再依赵全的谋划行动，无有不中者。有了板升们的介入，俺答的战略更加高明，明朝边境的形势也就更为严峻。甚至赵全还在谋划称王，准备尊俺答为帝，要学那千古逆贼石敬瑭了。如其所谋，大明就要危矣。

因此，这次解决"三娘子危机"，明朝上下，都把解决板升的问题一并考虑在内。

明朝处理边境危机不当，以往是有惨痛教训的。

早在嘉靖三十六年，俺答的儿子辛爱，有个小姜桃松寨，不知何事与辛爱闹翻，率部前来降明。辛爱大怒，兴兵来讨。其时，兵部尚书和宣大总督惊慌失措，毫无章法。竟然诱骗桃松寨及其部将出塞往西跑，然后密告辛爱，将降人追上捕杀。此事丢尽了大明的脸，不仅令降人寒心，鞑靼方面也瞧不起，气焰更加嚣张。

张居正不想重蹈覆辙，经过思考，立刻给王崇古写信详授机宜。

他说：往年桃松寨的事，中枢处置失当，人皆嘲笑，至今还齿冷。今日之事，又非昔比，所以绝不能草率。方才我接到情报，说俺答到边境来要人了。这是好事，就怕他不来要，白白扣了人质，反而结下冤仇。如今他来索要，则对我相当有利。

张居正随后把策略详细道来：王公您第一步要坚壁清野，守险以待之。然后好言对俺答说，不是我们诱使你孙子来降，是他羡慕我们的教化，厌弃了你们的愚蛮才来的。按"中国之法"（原文如此），凡是拿下虏酋及子孙首级者，赏万金，封侯爵。但我不能这么做，因为把汉那吉是慕我教化而来，我不忍心杀掉，并且给他的待遇还不错。您要是想要人，就老老实实来谈判，如果您斩了叛贼赵全等人之首，与天盟誓，数年内一骑不得入我边关，则我可以礼送您孙子返回。您现在提兵来要人，难道我还怕你吗？如今的宣大兵马，又不同于往年了。你要来就来，我伺候着！

张居正又指令，一定要将把汉那吉看守好，不能让他与外面通声气，以免他又跑回去。对于陆续来降的人，如果是"真虏"的话，就分配给将士；"华人"（原文如此）则让他们各回老家，不宜让他们聚在一起，以免生事……

此后，高拱与张居正的应对策略，可说是有板有眼。俺答这个盖世英雄，完全被他俩的策略牵着鼻子走了。

把汉那吉究竟是不是奇货可居？这是处理事件的关键，高拱立刻作了调查。得到情报反馈说，俺答原是极为怕老婆的人（但何以又娶了三娘子），他的老妻，就是把汉那吉的奶奶。不仅俺答爱这个孙子，奶奶更爱。老太太得知把汉那吉是因为老爷子的缘故降了明，气晕了，拿起柴火棒子敲俺答的头说："就算要你的头，我也给他们，我只要我的孙子！"

这就没有问题了。高、张二人立即决定，第二步策略是，建议授予把汉那吉"名号"，并鼓励他吸纳旧部。因为凡是授予了名号的首领，威望都能凌驾于其他的大漠首领。这就构成了对俺答的巨大压力，迫使俺答同意我方开出的赎人条件。只要经过斡旋，达成和议，我们就可获得时机休整战备，从而享受数十年安宁。

第三步，就是要坚守堡垒，勿与轻战。即使俺答示弱，也不要攻击，而是要不断骚扰他的后方。让他即便来了，也掠不到什么东西，只能徘徊于野外。

第四步，要派人在阵前喊话，说："把汉那吉来降，我们厚待如此，你不感恩，还敢威胁？你要是有你孙子的远见，慕义来降，待遇又岂止你孙子这样？你如今拥兵而来，不惭愧吗？"以此瓦解他的心理防线，促使他答应谈判。

第五步，对俺答的气焰，也要适度给予回击。

俺答被老妻逼得急了，率最精锐的兵马，大破云中，直抵宣府，索要把汉那吉甚急。王崇古遵张居正之命，派善战的总兵赵岢，率兵袭击，趁着俺答在宣府一带往返交涉，心神不安，大败了俺答的前锋。俺答畏惧明军之盛，稍稍退兵，开始有了求和之意。

这个凶悍的蒙古汗王，在老妻的逼迫和大明两个宰相的策略面前，完全被搅昏了头，只有一步步就范。

担任此次谈判的明方主官，是一个小人物——鲍崇德。他以前曾被鞑靼掳去服过劳役，精通虏情，与鞑靼方面交情甚密，这次是他自告奋勇前去做说客的。

到得虏营，他按照既定方略，鼓动如簧之舌，讲了一通道理。俺答见明军不好欺负，又担心把汉那吉的性命，本就乱了方寸，再听了鲍崇德软硬兼施的说辞，不禁心动。

有记载曾把他的表现描绘得活灵活现。说是俺答屏退左右，对鲍崇德说，我本意就是想进贡来的，都是赵全他们哄我，说我该坐天下，唆使我连年用兵，闹得两家不得安宁。

俺答说："这次老天爷使我孙投顺南朝，你们不杀，又加官，又赏衣服，恩厚若此……（哽咽）若肯放我孙儿归来，我愿绑了赵全等人来献，借以赎罪。我如今年老，若天朝封我一个王号，掌管北边，各酋长谁敢不服？再给我些锅、布等物，用于生活，我将永不敢犯边抢杀，必定年年进贡。将来我的位子，就是把汉那吉的。他受天朝恩厚，不敢不服。"

老汗王终于醒悟，从此放弃了做成吉思汗的大梦。

朝中得报，高拱立即主持了汇报会，请隆庆皇帝批准同意放人。到十一月十三日，诏下，完全同意高拱、张居正的计谋，授予把汉那吉"指挥使"官爵，授把汉那吉奶妈的丈夫为"正千户"，其余人也各有封赏。这下，把汉那吉穿上正三品的大红袍了，煞是荣耀。

六天以后，十一月十九日，俺答就把赵全、李自馨等八名板升头目一起绑了来。

二十一日，明朝隆重遣送把汉那吉返家。

把汉那吉又回来了！再不复昨日的狼狈相，一彪人马在大明官兵的护送下，红袍金带，褐冠朱旗，吹吹打打出了关。

随行的大明官员见到俺答，拔高了声音，正色告诫："把汉那吉是我天朝官人，不比寻常，着俺答好生看待，不许作践他！"

俺答此时百感交集，连声承诺。一见到宝贝孙子，连忙滚下马来，爷孙俩抱头大哭。

紧接着，高拱、张居正就把封贡和开市的问题，提到了日程上。封贡，就是要封给老俺答一个名号，俺答从此算是归附明朝，自认属国，每年进贡马匹。开市，就是在得胜堡开辟集贸市场，蒙古部落卖马，明朝人卖布匹、丝绸、铁锅、茶叶，互通有无。

嘉靖初年以来，双方对峙几十年的阴霾，就此消散。

但是想不到，朝中反对势力很大，舆论一片哗然，都反对姑息。其中，以兵部反对的态度最甚。

大明的官员，为什么对俺答的态度如此强硬呢？这里面，有一些历史原因。

宋时抗金名将岳飞遭冤杀，本朝英雄于谦也同样遭冤杀。这两位"少保"的命运，引起后人强烈的同情。到了明中期以后，在士大夫中形成了一个情结，那就是对外只能开战，不能妥协，谁也不愿被指为误国。

但是，仅仅有义愤是不够的，因为人必须面对现实。睁眼看看，明朝的军队，实在是没法提了。明中期以后的军务，废弛得一塌糊涂。每镇的边兵里，不仅缺额，且有一半不过是民兵（土兵、募兵）而非正规军，战斗力很弱，装装样子还行。

张居正所关注的军粮问题，也是个软肋，常常发放不及时、不足额。当朝的大官又喜欢经手银子，因为便于贪污，故而后来的军饷，经常按粮食数额折价发银子，折算率又很低，借此克扣。发一斤粮食的钱，士兵在市场上根本买不到一斤粮食，饭都吃不饱，又如何打仗？

明初洪武、永乐年间的军队，还叫个军队。而今军队的装备和士气，只能说是乌合之众。因为军费不足，兵卒们衣衫褴褛，形同乞丐。所谓铠甲，就是在衣服上缝点儿小铁片，跟唱戏的差不多。还有以纸、麻塞在衣服里的，称为纸甲。

所以，以如此的军力，去抵挡俺答的十万雄兵，岂不是以卵击石？

然而，人们早已习惯了。自成化年以后，凡是能杀得三五个敌人的军队，那就是铁军了。武宗在正德十二年，微服出塞游玩，与北元的军队遭遇，损失官兵几百名，杀死对方十六名，竟宣布是"大捷"。弘治十五年，杀了达延汗手下八十余人，竟然保举了一千五百六十三个有功官员。就是在最近，由总兵赵岢打胜的一仗，也不过才斩首六人。

面对这样的军队，任是什么样的人，也是没脾气了。因此，在处理三娘子危机的过程中，高拱和张居正的一系列策略，是相当高明的。

当今之时，如何才能"不教胡马度阴山"？

硬打是不可能了，只能智取。张居正坚持封贡和开市的主张，认为不能逼人太甚。他写信叮嘱王崇古和方逢时，在此问题上绝不能犹豫，事机所在，间不容发，谋略既定，当断而行之！

朝中以内阁与边臣为一方，兵部与言官为另一方，形成尖锐对立。反对派无非认为：议和乃是示弱，马市容易开启边衅，封王是糜费钱粮。甚至有言官诬告方逢时等通敌，罪不容诛。其诬陷之语，言之凿凿，就像亲眼见过的一样。

高拱、张居正不为所动，命中书官翻出明成祖时的老档，上面载有成祖封北元归顺者"忠义王""忠顺王"的先例，以此，堵住了反对派的嘴。

最后由隆庆亲自上裁，说："此事重大，边臣最明白底细，现在边臣说做得，你们几位爱卿也说有道理，那就做吧，多费点儿钱粮也不打紧。"

一锤定音！

隆庆四年十二月，明廷封俺答为"顺义王"，其子弟也各给封赏，同时宣布开市。

不过，明廷对开市也作了一些限制，以防产生负面作用。为了防止鞑靼把锅买回去后翻造兵器，特令边贸只能出口"广铁"铸的锅，据说广东的铁锅硬度不行（低档货），造不了兵器。至于火药等，严禁流出；棉花、衣服等百姓急需之物，则全部放开。

十二月二十二日，赵全等"诸逆"从边境押到，隆庆亲自主持受俘仪式。此项仪式之庄重，在黄仁宇先生的《万历十五年》中，有极为传神的描绘。然后千刀万剐，头颅在九镇巡回示众。

祸首伏诛，天下太平。

其实这样做，哪里是多费钱粮？和谈以后，仅宣大三镇，每年就可省下边费六十万两，等于明朝年财政收入的五分之一，赚大了。

关键是老百姓可以喘口气了。当时，巡抚方逢时上报说，休战后不久，九边人口立即繁盛起来，守备越发坚固，田野日见拓展，商贾更加兴旺，边民始知有生之乐。

史书上关于休战后的描述，欢欣之语也很令人动容，譬如"自是边境休息，东起延、永，西抵嘉峪七镇，数千里军民乐业，不用兵革"，譬如"由上谷至河湟万里，居如堵，行如家"。

可怜老百姓，有生之乐的日子，在史上并不是很多。这样喜气洋洋的文字，在史书上也不是很多。

一场"铁锅战争"，化干戈为玉帛，边境此后三十年基本相安无事。

今人有曰：俺答的这次归顺，是受降、封贡、互市三位一体，自汉唐以来，中原从未有人做到过。

高拱、张居正，在这件事上居功至伟。

两人联手期间，内乱外患逐一平定，大明的颓势，有了复振的希望！

首先鞑靼已被死死压住。那时的蒙古，有两大部分，一部是蒙古右翼，就是俺答，他统辖了土默特部和他死去的哥哥吉囊的鄂尔多斯部。另一部，是蒙古左翼的察哈尔部，也就是小王子的土蛮部，这本是达延汗嫡系的继承者，却被俺答从草原撵到了辽东。

蒙古部落的左翼、右翼，有时候搞得我们头晕。其实只要打个比方，就很清楚了——将蒙古比作一个巨人，他面朝我们站着，他的右手，正好就是蒙古的西部（宣大以北），他的左手，就是蒙古的东部（辽东）。

跑到辽东去的小王子土蛮部，不肯接受明朝的封贡。高拱、张居正就起用总兵李成梁，在辽东的卓山敲打了一顿，基本将之打服。

此外广西古田的僮人叛乱、广东的曾一本等叛军作乱，以及敌视明朝的贵州永西土司，也都逐一被平定。到隆庆六年（1572），大明已经是四海升平。

张居正不无得意，称这是"东师奏凯，西虏款关（求和）"，真是顺风顺水！

唐人李贺有诗云："请君暂上凌烟阁，若个书生万户侯？"是啊，哪个书生能成为万户侯呢？

张居正，却不会有这种哀叹！

当然，英雄自有过人之处。我在翻检他处理俺答事件的资料中，发现他处理问题极其迅速，甚至是头一天获得边报，第二天就有明确答复。

当时的军情和中枢指令，都是由兵部快马递送，昼夜兼程，一来一往不过三五日。军情的报送和回馈，都是随到随办。可以想见，当年张居正秉烛伏案的紧迫情状。

江陵书生，也能有今日，真是堪慰壮怀。

这注定是一个缠身的厉鬼

　　张居正在隆庆年间经历的大事不多。除了处理俺答归顺一事，他的年表当中，往往还有一条：隆庆二年，废辽王。

　　这件事，与张居正有何干？

　　各位，这短短的一句，挖掘开来，实是有历史令人惊恐的乖戾。一个平民出身的权贵，与一位皇族子弟，生生死死缠了一辈子的恩怨，就在这一句话中！

　　这句话所隐含的事情，是张居正性格中的一个"暗井"，深入窥探，或许能有助于了解张居正的政治人格。说到底，他不是道德完人，与海瑞不一样。封建官场里那种不露声色的机巧，他一样也不少。因此这一章里，张居正的人格，呈现出了复杂的多面性。

　　这里所说的辽王，可能大家还有印象。他的王府，就在张居正的家乡江陵。张居正的爷爷张镇，曾在辽王府做护卫。所谓护卫，就是警卫人员。

　　两家从此开始了一段纠葛。

辽王的名字挺古怪，叫作朱宪㸅（jié）。

辽王这一世系，祖上为朱元璋的第十五子朱植，原来封的是卫王。洪武二十六年改封辽王，封地在广宁府，就是今天辽宁省的北镇市（至今北镇还有一个街道办事处叫广宁）。建文帝时，靖难役起，建文帝担心朱植被胁迫参与叛乱，于是召他进京，将他的封地改到了荆州。朱植奉命渡海南归，从此顶着"辽王"的名号，长居荆州。死时四十八岁，葬于荆州，谥为辽简王。

嘉靖三年，第六代辽庄王袭封，王妃毛氏不能生育，因此辽庄王一直没有孩子。好在袭了王位的第二年，有小妾王氏生了个儿子，与张居正恰好同岁，只比张居正大两个月，这就是朱宪㸅。按古制，王妃毛氏算是宪㸅的嫡母，掌管小孩的一切起居、教育事宜，视同己出。

到了嘉靖十六年，老辽王死了，宪㸅年幼且又守丧，所以暂时不能袭封，只能继续做王子。

这个宪㸅，是个典型的纨绔子弟，资质一般，学习不上进，十多岁了，四书还背不下来。小孩子臭毛病不少，自我感觉却很不错（这我们不陌生）。而同龄的张居正，早就是名满荆州的神童了，两者的差别实在太大。

张居正小时候常跟爷爷到王府玩，与宪㸅也可称得上是朋友了。

在王府，毛氏一直是执掌大小事务的。史载她知书达理，沉毅果断，中外皆景仰，贤声闻于天下，是个好当家人。她见张居正聪明伶俐，便不时召居正入府赐食。一次，她让宪㸅坐在下首，谆谆教导说："你这样不上进，终有一天要给居正牵着鼻子走呀！"

看来望子成龙，古已有之，张居正就是那"别人家的孩子"。

宪熵哪里受得了这个，满脸涨红，好歹还没有当场发作。从此，在两个小孩的友谊里，就因嫉恨而埋下了一颗诡异的种子。

嘉靖十九年，十六岁的宪熵，三年丧服已满，照例袭封，成为第七代辽王。张居正也恰好在这一年考中举人。

宪熵袭了王位，还是咽不下少年时的气——我是谁，还赶不上个平民？

小辽王以庆贺自己袭封为名，把护卫张镇召进王府，赐他喝酒。这宪熵是存了歹毒之心，强灌了老头一顿。结果，张镇竟活活醉死。

张居正此时已通世故，人给害死了，又害得冠冕堂皇，如何办？他只有隐忍。从此与辽王结下隐蔽的深仇，竟一直埋藏了快三十年。

辽王生来就跋扈惯了，他哪里知道，匹夫之仇也是结不得的。两人在表面上，仍是朋友。辽王闲工夫多，学会了作些滥诗，两人时有诗酒往还，显得非常亲近。

嘉靖二十六年，张居正考中进士，入选翰林院。辽王没那个机会，就跟着嘉靖提倡的潮流走，崇奉起道教来了，被嘉靖封为"清微忠教真人"。

明朝发展到嘉靖这一朝，皇室的直系后代与旁系亲戚，已发展到数以万计。每个人都有岁禄，从郡王的一万石，到旁系最低的二百石不等。这是帝国的一个巨大毒瘤，中央财政有一半就消耗在这上面。

此外，宗藩在政治上没出路，但这些废物总要折腾，于是就

205

在地方上狠命地兼并土地，唯恐财富不多，辽王府亦不例外。

等毛妃一死，小辽王在府内的管理大权到手，立刻发威，养了一批恶奴，打砸抢骗，强买强卖，无所不用其极，成为荆州一霸。地方官员碍于皇上赐的牌匾，只有装聋作哑——孔孟之道虽然好，但管不了皇亲。

嘉靖三十三年，张居正的原配顾氏病逝，居正不免意志消沉，兼之对朝政失望，便告假回到江陵。在三年的休假期间，与辽王走动得比较勤，估计也是辽王强拉他的时候多。

辽王虽然信了道教，但吃喝玩乐，乱打乱杀，逼奸民女，还是一样也不少。现在又多了一样，隔三岔五要跑到道教圣地龙虎山去，拜访张天师。按《大明律》规定，宗室藩王没有皇帝的恩准，是不得离开封地半步的，违者要削为庶民。但辽王有"清微忠教真人"这块护身符，谁敢阻拦？而究其实，求仙访道只是名义，到几百里外去游山玩水、寻花问柳才是真。

张居正一回乡，辽王就拉着他诗酒唱和。辽王这种人，从小听的就是阿谀奉承，真的以为自己是不世之才，胡编几句诗，还要张居正立即和诗，这几乎就是变相的折辱了。

张居正已在官场混过了几年，知道真就是假、假就是真，便也耐着性子跟这家伙玩。张居正的文集《张太岳集》中，就留下了几首这时的应和诗。他跟辽王相处融洽，当面奉承他英敏聪达、才智绝人（你就反着听吧），跟对付严嵩差不多。但他对严嵩的才气，还是真心敬佩的；对辽王，则只以废物视之。

嘉靖三十七年，张居正受命到汝宁府（今河南汝南）去册封崇王。因为离家较近，就顺便回家去看了看父亲。这是父子俩最后一次见面。

这期间，辽王又拿着手写的三大册诗稿，请张居正写序。辽王附庸风雅，自号"种莲子"，张居正也就给他一通胡吹，说辽王在"拈韵限句"的诗会上，因为出的韵太险，别人袖手不能出一语，种莲子大人却能"援毫落纸，累数百言，而稳贴新丽，越在意表，倾囊泻珠，累累不匮"——还是大王高明啊！

像辽王这类人，不管他怎么狂，履历上用三个字便可归纳：生得好。要是他出生在平民人家，那么就得四个字来归纳：阿猫阿狗。到了隆庆元年，嘉靖仙逝了，这种莲子王爷也就蹦到头了。

就在当年，湖广巡按御史陈省，专程赴京，弹劾辽王横行枉法事，隆庆下诏，削去了辽王"真人"的名号。这一次处分，问题倒还不是很大，却是一个不可忽视的信号。可是辽王哪里知道收敛，吃喝嫖赌，一仍其旧。

到了隆庆二年，又有巡按御史郜光先，再劾辽王"十三大罪"。这下可是严重了，隆庆命刑部侍郎洪朝选，前去实地核查。

其时，湖广按察副使（地方监察副长官）施笃臣，正在江陵，他对朱宪㸅一向极反感，趁此机会要搞他一下。施笃臣设了个套，假意表示可为辽王疏通，说动辽王给洪朝选送了礼，而后，却把礼品全部截获。辽王吃了哑巴亏，耍开了脾气，在王府院里高高竖起一面大白旗，上书"讼冤之纛"——我比窦娥还冤啊！

施笃臣去看了看，故意大惊小怪："辽王反了！"立刻调派了五百个兵卒，把辽王府团团围住，等待洪朝选到场。

洪朝选到底是朝廷派来的，比较正派，到现场去看了看，知道是胡扯。还朝后，没有告辽王造反的罪，而是据实奏报辽王淫酗之罪。皇族为非作歹，不过是小菜一碟。如果仅此，辽王也没有大问题。

可是有一个人，掌握他的大问题。此人就是张居正。

原来，宪㸋无嫡子，想以私生子冒充嫡子做继承人。按例，此事应由王府奉承正（监督官）署名盖印。但奉承正王大用，以为与事实不合，不肯署名。辽王就偷出大印，私自盖了。后来，王大用竟莫名其妙地死了，有人怀疑是被辽王所害。

张居正与王大用，素来交情不错，在三年休假期间，忽闻王大用死，不胜悲哀。张居正特为他撰写了墓志铭，后来还写了一篇《王大用传》。这件事，他默默藏在了心里。

这事已过了很久，如今洪朝选回京复命，决定辽王命运的关键时刻到了。就在此时，张居正突然上疏一道，直斥辽王宪㸋嗜利刻毒，成年之后，多行不法，常出数百里之外游玩，有司不敢禁止。连带将辽王以私生子冒充嫡子、迫害王大用的不法行为，一并举报。

顿时，朝野一片哗然。辽王休矣！

很快，隆庆的裁决下来了，说宪㸋本应当诛，但念及是皇室宗亲，免死，废为庶人，高墙禁锢。

这一禁，后来就把他给关死了。

事发这一年，距离张镇在辽王府被酒灌死，已经过去二十八年。

这个辽王宪㸋一家，到此就很惨了。他本人后来死于凤阳的宗室监狱，因无儿子嗣位，朝廷又不准旁支改袭（过继），于是除其封国，把辽王的封号给取消了。辽府诸宗，都改由楚王管辖，不知后来过得是否惬意。自此，这一家的人与事，都被称为"废辽"了。

由这里，又引出了一段公案，迄今还争论不休。那就是，张居正死后，辽府次妃（宪㸁生母）王氏，委托言官代为讼冤，称张居正侵夺（收购）了废辽王府，有金银财宝数以万计，悉数入了张居正府邸。

这可是骇人听闻！

于是，张居正因羡慕辽府的壮丽，而构陷辽王，就成了一条千夫所指的罪状。同时，也构成了张居正死后风波中的一个大浪头。

百年公案，诉讼纷纭。真相究竟如何？

那座辽王府，确是江陵最为壮丽的一座府邸。府中湖山掩映，长堤翠柳。居正小时候就在这里玩耍过，估计印象很深。如今堂皇辽府归了张家，宿仇又得报，自然是快意无比！

还有人说，因为张居正记恨洪朝选不肯诬告辽王，所以后来他当了首辅，于万历八年（1580）吩咐福建巡抚劳堪，将洪朝选构陷下狱。洪不屈，绝食三日而死。

孰真孰伪，要想厘清很费功夫。

直到后世，张居正究竟是否谋夺了辽王府？收购辽王府的钱又从哪里来？甚至最根本的一个问题——张居正是否参与了扳倒辽王？仍是众说不一。对其他的，本文留待以后再表，这里我仅分析一下，张居正究竟有没有可能告了置辽王于死地的这一状。这一点，对我们了解张居正的政治品格及谋略特色，有很大关系。

且不谈动机问题，仅仅张居正"构陷辽王"这件事是否发生过，到现在还有争论，争论的原因是"证据不足"。

今人有三种说法。一种是理直气壮地承认，认为张居正此举乃是冒着风险惩治了豪强。比如，刘志琴先生的文章《张居正改革的成败》称："江陵辽王作恶乡里，鱼肉百姓一案，地方官畏惧辽王府的势力，对辽王的罪行，不敢如实上报，张居正断然处治了失职的官员，甘冒'谋产害友'的骂名，废去辽王，惩办了江陵一霸。"

从这一段话中，我们似乎感受到了一种非常熟悉的逻辑方法。问题归纳得很明了，因果关系也很简洁，但是，距离事实太远，有太浓厚的官样气息。我们要是这样来研究问题，难免会有偏差。

首先，所述与事实不符，地方官在当时，已经不怕一个正在被查的亲王了，准备落井下石。其次，事情已经如实上报，谁也没有胆量隐瞒"造反"的事，而恰恰所谓"造反"才是不实的。再次，张居正也没有断然处治"失职的官员"，洪朝选被下狱，是在十二年之后，因公开反对"万历新政"而获罪。最重要的是，张居正更没有权力废去辽王，即便是参与了"废辽"，也是用了一些办法才如愿的。

第二种说法，是断定张居正谋财害命。以蔡东藩《明史演义》为例，蔡先生描述说："先是居正当国，曾构陷辽王宪㸅，废为庶人。……居正意尚未慊，密嘱湖广巡抚劳堪，上言朝选得贿，代为宪㸅掩饰。朝选遂因此获罪，羁死狱中。那时辽王府第，当然为居正所夺，遂了心愿。"

这段叙述，是以清顺治时期谷应泰的《明史纪事本末》为蓝本，稍事渲染而写成的。蔡老先生对张居正评价很低，在《明史演义》里，基本上把张居正当成反面人物来写。

此外，高阳先生的《明朝的皇帝》，也是指认"构陷"是实。他说，袭辽王宪㸅，颇为骄横，不理会张居正已为阁臣，对他家多所侵侮，张居正是个有怨必报的家伙，且又羡慕辽府壮丽，便存下了要扳倒辽王的心思。不久，有人告辽王谋反，刑部讯治，侍郎洪朝选按验并无反迹，坐以"淫酗"，辽王禁高墙，废府，张居正夺辽府以为私第。

高先生这个叙述，相对比较严谨，是反面意见里比较流行的说法。

第三种说法，是坚决否认张居正陷害过辽王。持此说法的有一位陈礼荣先生，他作了一篇考证文章《张宅并非辽府考》，文章写得非常漂亮。他说："说到辽王因罪除国之事，它发生于隆庆二年。其时，张居正入阁未到两年，位居其上的尚有首辅徐阶、次辅李春芳，以及阁臣陈以勤等。以他这样一个新近进入内阁的礼部尚书兼武英殿大学士，想要挟私愤扳倒一个亲王，显然还不具备相应的政治能量，因此，连神宗自己在事后也曾有'辽府废革，既奉先帝宸断'的说法。"

陈礼荣的文章，考证谋夺辽王府是不可能的，考据非常扎实。但上面这段话，说得却不是很有底气。首先，徐阶在那一年的二月，就不得不彻底退休了。辽王是在年底被废的，可以肯定这时候徐阶已经回老家了，他不可能对此负责。至于李春芳、陈以勤，都是能力较弱的人，在这种问题上，是挡不住张居正出手的。

一个内阁大学士，是否能挟私愤扳倒一个亲王？那就要看时机和手段如何。不要说大学士，只要时机对了，连一个七品的言官都可能办得到。

关键是，张居正到底有没有出过手？

对于废辽王之事，《明史》穆宗条内，记载很简单，只说"冬十月……己亥，废辽王宪㸅为庶人"，多半个字也没有。诸王列传里关于他的事多一点儿，但也很简略。看来这是个微不足道的人物。

《明史》里关于张居正构陷辽王的记载，原来可能还有一些，但在康熙十二年，张居正的曾孙张同奎，听说康熙皇帝对张居正说了几句不错的评语，便进京请求皇帝将《明史》里的构陷情节予以删除。现在，我们只能看到一点儿未删干净的影子。

再看张居正还在世的时候，就有他的一个门生刘台弹劾他专权，引起过很大风波。在弹劾的罪状里，就有以构陷谋夺辽王府的事，只是当时并未引起人们注意。直到张居正死后，辽王妃再告，才成为一个事件。

然而，当时引起义愤的是谋夺王府一事，而不是构陷。对于所谓构陷，大家似乎都没有异议，包括对张居正尚能持有公论的人，大家早就知道辽王的垮台，张居正是插了一手的。

不论张居正弹劾辽王的动机如何，这件事情并不影响张居正的整体形象，反而凸显出他的一个很鲜明的个性。那就是，在关键的时刻，给对方一个出其不意的致命打击，干净麻利。对手既想不到攻击会从他这儿来，而且也无法再翻身。

参倒辽王，非常符合张居正一贯的政治谋略特色。

那么，他复仇的动机是什么？是为了谋夺王府后花园，还是因为爷爷张镇的那笔旧账？我看都不太可能。

谋夺王府，留在后面再谈，根据线索，夺没夺还存着疑呢。

爷爷之死，可能会是一个因素，但比重不会很大，因为毕竟只是一个偶然事件。皇族，从来就是这样不知深浅。

最重要的原因，是在所谓的诗酒唱和中，宪㸅对张居正有意无意的折辱。张居正虽不以诗文著称，但也是翰林一才子，整天陪着混账王爷说违心的话，赔笑脸，这就是不可化解的屈辱。那小辽王说话办事，也是没有分寸的，说不定有多少嘲讽与贬低。

这种折辱，对一个知识分子来说，才是最不可原谅的。张居正对辽王的报复心理，或者说杀机，应该就从这一点而引发。

张居正平生最痛恨两种人。一是无能的宗族。这些皇亲国戚，把国家都快吃垮了，还要欺负老百姓。他所痛心的"财货上流"，就是指的这个。二是言官。张居正认为言官只会靠摇唇鼓舌混日子，没起什么好作用，所以凡触犯了他本人的，都不会手下留情。

只有对那些有才干的对手，张居正才会存有敬意，不会赶尽杀绝。对辽王这种除了"生得好"而一无所能的人，他是不会怜悯的。

这就是张居正！

在被幽禁中，废辽王宪㸅于万历十年（1582）死了，辽王的正妃也死了。后来所谓"谋夺辽王府"之事，是由宪㸅的次妃王氏出头告发的。

不知道那位可怜的废辽王，在临死之前是否能悟到：他从青年时代起，就肆无忌惮地凌辱过的张居正，竟是缠绕了他一生的厉鬼。

从这一件事情上，我们可以看出，张居正的内心也有狠毒的一面。在决断的时候，往往无情。当然，也正是由于这一点，使他最终掌控了连他自己也不敢想象的宏大局面。

再看朝局，到了隆庆五年的下半年，"高张联立"的内阁已是祥云缭绕。内有善用大臣之君，外有宿敌低首下心来服。两强联手，又何所不能？

但是，朱老皇帝设下的这个内阁，现下却还是不能平静。本来在漫长的实践中，内阁所形成的首辅制，就含有避免两强掣肘的意思。但，"一山容不得二虎"的现象，是没有办法避免的。高、张二人，都是不世之才，却处于相互倾轧之势。在这个多事的平台上，难免日久生隙。

张居正、高拱，这两个人的同盟，刚度过短暂的蜜月期，很快就有了裂隙。

风仍然起于言官之口。他们善于窥人之过，察人之色，一有空隙就出手搏击。或得名，或得利，或灰头土脸而去，都是他们所愿意的。朱老皇帝就给定了他们这样的生存角色。言官们，即将决定这两个人未来的命运。

此时的内阁，高拱风头正健，但也正被人虎视眈眈。他一贯性格强直，快意恩仇。在复归内阁后，借考查言官之机，将触犯过自己的人一律贬黜，而对于门生故旧，则着意提拔。就整个言官阶层来讲，自是把他恨之入骨——只是时候没到而已。

另一边，张居正入阁后，却一直小心谨慎。就是到现在，虽是二人"并相"，但他毕竟是次辅，并不是出头的椽子，与言官们并未结下大怨。正如韦庆远先生所总结的那样，他的为政之道，是非到关键之时、要害之处，决不伸手。

他现在虽然处于弱势，但他与高拱之间未来的胜负，已是可以预见的了。何故呢？明人尹守衡说到了要害：高拱狂狷浅薄，张居正已将他弄于股掌中了。

　　静静的文渊阁，书香依旧。晨露夕烟中，若登上东华门，可俯看千幢万幢的华屋。这是帝国的心脏。未来国柄，操之谁手？也许在这一阶段里，这就是张居正夙夜思虑的一个问题。

　　可能连他也没想到，一场突如其来的风波，马上就要把眼下的平静打得粉碎了。

　　政局在一夜之间急转直下。

　　形势就像中原逐鹿，究竟是谁得之？

第十六章

当人们猛醒时木已成舟

　　起初，只是风乍起；但谁也没想到，到后来竟成了一场席卷"并相"局面的狂风。

　　高拱与张居正二人，才干相当，可说是不分轩轾。同时又都个性强悍，喜欢操控全局的那种感觉。这样的两个人碰到一起，也可能惺惺相惜，也可能水火不相容。他们恰恰是经历了从前者到后者的演变。

　　到隆庆后期，高拱的地位已是如日中天。隆庆皇帝对他，一万个信任。在如此巨大的恩宠之下，恐怕任何人都难以客观地评价自己了。

　　据记载，那时高拱在朝中，唯我独大。凡有敢于抵触者，每每张目怒视，恶声继之，众人皆有惧色。百官没有哪个在他眼里，说捧谁，说贬谁，随心所欲。人到了这个份儿上，其实已经违背了生物的共生原则，就会有一种命定的力量，来毁灭他了。

　　高拱却感觉不到世间能有这种力量。

　　能给他致命打击的那个人，此刻也意识不到自己会有这种力量。这就是张居正。他很郁闷，因为祥和的空气越来越稀薄了。

天下已安，他本来心情很好，想想五年多米的苦心经营，边事终于得以澄清，正是大丈夫扬眉吐气之时。

他在给一位地方官的复函中，这种得意心情溢于言表：古今谋臣策士，劳心筹划，说得口干舌燥，百计而不可得的局面，不就是这样子吗？如今我不烦一士、不役一兵，坐而得之，此乃天助我也。

两个自命不凡的人，在边患已除，都松了一口气的时候，忽然四目相对——究竟是你厉害，还是我厉害？

两人的裂隙，就起于这些微末之处。

这时候的朝中局面，非常微妙。从隆庆六年正月起，皇帝开始患病，并且有热疮不愈。

从这时起，隆庆的身体每况愈下，竟然预感到来日无多，常常考虑到后事。有时会对高拱说："祖宗二百年天下，以至今日。国有成年之君，乃社稷之福，怎奈东宫（太子）小哩！"

这时候的太子，也就是后来的万历皇帝，才刚刚十岁。无怪隆庆要忧虑。孤儿寡母，天下被人夺了的，不乏其例啊。

其实这一点，他过虑了，在明朝，言官的监督力量很强，谁想专权专到控制了皇帝的程度，比较困难。同时中央军权很分散，分为五军，前后左右中，不相统属。即由"五军都督府"的各系统，分掌全国各卫所的兵。皇帝还有一支绝对听命的亲军，那就是锦衣卫，共二十二卫的兵，足够安全。

如果有人要调兵，须由兵部（负责军政）和中军都督府（负责军令），各出一块调兵勘合（凭证）。打完了仗，将军回将军府，士兵回卫所，将与兵是分离的。平时管理部队的各镇总兵官，因为权力不集中，上面有总督、巡抚和监军太监制约，权力并不太大。所以，大明是没有可能被赵匡胤那样的人夺了天下的。

而且，太子是早就立好的，不至于出现混乱。早在隆庆二年，皇子仅有六岁的时候，是张居正上了一道疏，劝隆庆早立太子。张居正说，他在裕邸的时候，就知道皇子聪明，本朝早立太子的事例很多，望皇帝考虑。

隆庆接受了这个建议。那时皇子还是独子，后来有个弟弟当时还没出生，所以顺利册封。

皇帝的身体感觉不好，阁臣们就非常紧张。高拱建议，内阁成员在宫内太监的直庐（值班室）里值宿，晚上就不回家了，保证皇帝随叫随到。他和阁臣一住下，其他六部、五军都督府的大臣哪里还敢走，也都跟着住下，这叫"朝宿"。

晨钟暮鼓中，高拱与张居正大概都考虑过未来。他们各有依恃，都觉得，下一步自己的根基还是很牢的。

先看高拱这一面。他既是首辅又兼掌吏部，位极人臣，六部九卿无不看他的眼色行事，朝中根基之深，确实无人可比。三年多来，多少还笼络了几个言官，愿为之效命，舆论喉舌也不缺乏。对于外廷，也就是文官系统这一块，他把持得很死。

国家机器只要想照常运转，又怎么能少得了他呢？

而对于内廷，也就是太监这一块，他也早就有布局。李芳被罢免后，司礼监掌印太监出缺，这是个统管内廷二十四衙门的总头目，相当于外廷的首辅，依例应由太监的"二把手"、秉笔太监兼提督东厂的冯保递补。但高拱一向厌恶这个冯保太能抓权，同时也要兑现重回内阁前许下的诺言，对曾经帮过他的太监投桃报李，于是向隆庆极力推荐了御用监的老太监陈洪。

可陈洪是个只会管理宫廷家具的老太监，哪能办得了皇帝跟前机要的事，没过多久就被皇帝给撵走了。事已至此，高拱还是不想让冯保蹿起来，就又推荐了尚膳监的孟冲。

这就更荒唐了，让一个厨子来管内廷，本朝是没有先例的。

高拱为何要一再破坏规矩呢？其实，他是有一番深谋远虑的。在以往嘉靖一朝，太监还比较老实，因为嘉靖本人自幼在宫外长大，对太监的霸道有所目睹，所以对太监相当戒备。到了隆庆，这个自幼跟太监混得厮熟的皇帝登了位，太监就又开始胡闹起来。堂堂两朝阁老的徐阶，都被他们群起而撵走，高拱对此便不得不防——必须安插可靠的人。

高拱的这步棋，从动机上讲，应该是为中枢的稳定着想。可是从人事上，就大大得罪了一个潜在的政治巨头——冯保。两次被排除在候选人之外，这简直就是对他的人格侮辱。

冯保由是恨极了高拱，暗中发了狠。

然而，高拱不在乎一个身上缺少零件的家伙有什么感受，他自信得很，因为他看到的是——内外皆备，稳如泰山。

冯保不是木头人，他自有他的一套战法。对冯保来说，高拱并不可怕，可怕的是高拱身后那座不可逾越的大山——隆庆。他自然不会去硬攻，而是绕开了去，对隆庆的家庭成员展开了频繁活动。就算是皇帝，也有三亲六故嘛。

目标很明确：一个是日后肯定能当上皇帝的皇子；一个是皇子的生母李贵妃；还有一个，是一直被冷落、住在别宫的陈皇后。

冯保的这一手歪棋，下得刁钻，并大有收获。皇子虽然小，但毕竟已懂得亲疏。两个后宫的女人，也并非没有企图的人，她们需要有个得力的太监作为奥援。于是后院里，就悄悄形成了一个巨大的势力，在隆庆日近黄泉路之时，蓄势待发。

里面搞定以后，冯保便把手伸到了外廷。很巧，他遇到了一个恰好需要他的人——郁闷的次辅张居正。

张居正与高拱之间的裂痕，在隆庆五年底，就已非常明显。两人虽然没有公开冲突，但人与人只要不对头，从语气、神态，以及肢体动作上都能表现出来。大官之间有了矛盾，小官的感觉最敏锐，于是在两人的周围，各自聚起了一批言官。两大对立的营垒，就这样悄然形成。

恰在此时，张居正惊喜地看到，冯保向他伸来了友好之手。这是内廷里一个与他地位相等的人在示好，以张居正当时的弱势地位，焉能不牢牢抓住？由此，他也就间接地拽住了李贵妃的那只纤纤素手（仅为比喻意义）。

这就是张居正的底牌，不是很强，但后劲很冲，等会儿我们就能看到了。

这个后院集团，实际上是违反大明祖训的，是个非法小团体。朱老皇帝曾有言，后妃不得干政（看来朱元璋很熟悉历朝旧事），这个禁令，以条文形式列入了宝训。此外，宦官也不得干政，宫门口立有铁牌一块，上书"内臣不得干预政事，犯者斩"。至于外臣勾结内臣，甚至勾结宫闱，那就更属大逆不道了，肯定是要杀头的。

但制度与法律，毕竟要由人来遵守和执行。仅是一纸空文，挡不住这些事情悄悄发生。

外臣与内臣结交，一向很为士林所不齿，但张居正这样做了。事急矣，有些事就不能太书生气了！他不想被高拱撵出内阁，有许多事，还是想去做。他认为，只要能做事，就不要老是想着保持清誉。

据万历年间刊行的高拱著作《病榻遗言》说，张居正与冯保，结拜为兄弟。冯保的一个心腹徐爵，是联络人，没有一天不到张居正家里去。张居正待徐爵也如自家人一般，三人就此勾搭连环。

冯保是秉笔太监，也就是代皇帝对内阁票拟进行批红的人。冯保想得到什么好处，就告诉张居正，张居正替他想一个名堂，第二天就能够以皇帝名义批出来。而走正常的渠道，反而没有这个通畅。

现在，该轮到高拱郁闷了。他说："此事久已如此，我视其为大患，但无可奈何！"

你看，这是一个很奇怪的权力场吧？

《病榻遗言》是高拱晚年所著，全书充满了怨气。对张居正虽未点名，仅以"荆人"之称代之，但天下人哪有看不出来的！至于该书是否为高拱所写，到今天还有争议，不过它肯定是当时的文字，虽不完全可靠，距离事实应该不是太远。

双方的角力，不出所料地开始了。旧戏又要重演，仍是主帅在后，由言官打先锋。

首先发难的，竟然是反高拱的一方。朝堂上的事，真不能以常规来判断。

第一炮，御史汪惟元上疏，直斥执政大臣不应太过操切，只顾快意恩仇——说的就是你睚眦必报的高阁老！

第二炮，尚宝司卿刘奋庸，上疏言事，提醒皇上还是要自己看奏章，否则只恐险邪权势之党，以售其奸。

这真是祸起肘腋，叫人始料不及，因为这个刘奋庸，不仅是高拱的门生，还是裕邸讲读的旧人。他可一点儿不念旧，对高拱的霸道不买账，已不是一天两天了。

第三炮，也是最凶猛的一炮，是户科给事中曹大埜（yě），点名揭露大学士高拱"不忠十事"。他所反映的问题，似乎都有一些根据，譬如，提拔门生，打击报复，权力过重，陷害徐阶，结交太监等，要来一个总清算。

前两炮，自有高拱的党羽来招架；到了第三炮，直击要害处，高拱不能不出面了。

在明代，像这类言官的上奏，内容一般都是要上邸报的。这相当于官方的报纸，内容由通政司（皇帝秘书处）和六科分别收集，将所有诏令、奏疏和地方情况汇报收集齐，经过筛选、复制，发传到省，再传到府县，通过辗转抄录，在各级官绅中广泛传阅。邸报最早出现在宋代，是全世界诞生最早的报纸。

邸报的内容相当广泛，包括皇帝起居、官吏任免、刑罚公报等，还有受限制发布的战报和臣僚奏章。

有了这张官报，什么事情都瞒不住。比如，有人参了你一本，罪状多少多少条，你必须得有个说法，否则就等于默认，那脸可就丢大了。

高拱恼怒极了，也不想丢脸，立刻上疏自辩并乞休。这个姿态，也是例行公事，表示自己愿退休以谢天下。

据高拱自己讲，这个曹大埜，之所以敢跳出来，是因为张居正的幕僚（师爷）曾省吾，偷偷给他过了话："老曹，皇上病成这样，大事都是冯公公在办，冯公公跟我们张大人，那就跟一个人一样。你现在要是去弹劾高阁老，冯公公不用通过皇上，就能批下来，事情必定成功。高阁老一下去，我们张大人秉了政，还能少得了你的好处吗？"

曹大埜一想，对呀！跟着就一把火，点着了引信。

问题是，这么大的动静，冯保一个人是操作不了的。隆庆本人一定会亲自看奏本，看了后不禁大怒。他此时病得不轻，心情烦躁，火气也就大，下令要处治这个没心肝的言官。我还没驾崩呢，就开始胡说八道了。

拟旨当然还是由冯保执笔。皇上说，冯保写："曹大埜这厮排陷辅臣，着降调外任。"——给我滚到外省去。

冯公公心里雪亮，知道曹大埜是张居正部署的倒高先锋，便有心要保曹。拟旨之后，趁着还没发出，赶紧去找张居正商量。张居正看了文稿，稍一沉吟，涂去了数字，改成"曹大埜妄言，调外任"。意思还是那个意思，但分量要轻多了。皇上迷迷糊糊的，也就批了，曹大埜受的处罚因此轻了许多。

高拱哪里就肯罢休，马上策动言官反击。反击的排炮中，最厉害的要数御史张集。他的上疏，开口就说："昔赵高矫杀李斯，而贻秦祸甚烈。"把冯保比作赵高了。同时又提起严嵩勾结中官，冤杀夏言的旧事。

张居正一见这道奏疏，知道是在影射他勾结中官，气得脸都青了。仔仔细细看过，忽然奋身而起，拍案大怒道："这御史，如何比皇上为秦二世!"

冯保是管批文件的，有上下其手的方便条件。他怕张集的奏疏引起连锁反应，便扣了下来，没有发还内阁（留中不发）。为了防止其他人学样子，就派小太监到内阁去散布说："万岁爷说了，张集如何比我为秦二世?"冯保本人也四下里散布流言："这回皇上发火了。张御史的奏本，就撂在御桌上，是什么意思不好说，可能是要廷杖处分，削职为民了。皇上还说，廷杖时我便问他：今日谁是赵高?"

冯保是隆庆非常信任的近侍，他的话，不由得旁人不信。

恐吓，有时比真的打击还要令人恐惧。

消息传开，人人心中一震，张集更是吓得魂飞魄散。可怜他，只能天天到朝房里去等候着被锦衣卫捉拿，家中也买好了治疗创伤的蚺蛇胆，备好了棺材，只等末日降临了。

张居正身边的人，当然知道其中底细，有门客便问："相爷，这事儿怎么收场?"

相爷只淡淡一笑："先困他几日，让他尝尝滋味。"

却说那张集的奏疏，虽被冯保扣住，但抄本（揭帖）却流传了开来，各衙门的人都看到了。得知张御史要为此倒霉，高派的众言官，不由得群情激愤，商量着要直接弹劾张居正，以此作为反制。

张居正的好友、郎中王篆，见局面眼看要失控，便劝道："张集这个事，一日不了，则一日多个话头。眼下舆论如此，怎么能再去激他们?"

张居正认为有道理，便叫王篆到朝房去，对张集说："张相爷的意思，你就回家吧。你的奏本不准备发下，没事了。"

高拱那边，也不想把事情闹大，毕竟是自己一方的人发的难，万一真的惊了病中的皇上，不大好。于是，他在朝房约见了一众科道官员，劝他们以皇上的龙体安康为重，就此偃旗息鼓算了。但是高、张两人的矛盾，等于公开化了。

时任吏部左侍郎的张四维，与两边都交好，非常担心冲突一起，大局将崩溃，便从中极力斡旋，但不怎么见效。

此时，皇帝的龙体，就是局势变化的晴雨表，人们盯着的就是这个。一日，隆庆觉得情况稍好，就坐软轿来到内阁。高拱、张居正见状大惊，纳头便拜。

隆庆将二人扶起，抓住高拱的手臂，仰望长空良久，没有说话。北京春天的天空，高朗而辽阔。隆庆数次欲言又止，但最终还是无言，默默反身，要回寝宫。高拱搀扶皇帝，一直走到乾清门，隆庆方才说了一句："你回阁去吧，改日再说。"

张居正在一旁专心留意，见皇上面色如黄叶，形销骨立，知道要不好了。他怕冯保临事不知如何措置，便偷偷写了个条子，写好处理皇上善后事宜的办法，共有十余条。密封后，派吏员去交给了冯保。

此事恰好有人看见，立刻报告了高拱。高拱连忙派人前去跟踪，但密信已进了内殿。高拱想来想去，不知张居正搞的什么名堂，就越发愤恨。第二天到了文渊阁，便质问张居正："你昨天密封里，说的是什么？天下事不拿来交我办，去交给宦官，究竟是何意？"张居正顿感愕然，脸不由红了，却又无法回答，只是干笑，过了一会儿，才说："我每天都和里边交换皇上饮食的情况，高公如何能什么都知道呢?"

高拱想想,这也有可能吧。于是,不再将此事放在心里。

以上这一节,是出自王世贞的描述,当是略有渲染。至于高拱本人在《病榻遗言》里有关这件事的回忆,将张居正的言行,描述得就很不堪了,说张居正扛不住质问,连连求饶,并发誓道:"若再敢负心,吾有七子,当一日而死!"此语令人瞠目,不过无论是当时人还是今人,都觉得张居正这么说话,不大可能。

实际情况如何,可能是千古之谜了。不过张居正在此时,也确实不大可能太过嚣张。胜券并非在握,皇帝也不是处于生命倒计时阶段,一切的变化,只是一种可能性。从几封私人信函中,可以窥见,他此时仍然苦闷不已。

春夏之交,天玄地黄。他在给密友、礼部前尚书潘晟的一封信中,语气颇为激切:"我自检平生,不敢有一事负国家,不敢有一念负天下士大夫。至于去留,皆是命,我唯有静候。"他只是在等候那个裁决。

一个自认为计谋马上就要得逞的人,应该不会有这般的无奈。

在张四维给他的一封信中,也透露出一个信息。那就是,张居正在这段时间里,竟然萌生了去意。张四维劝张居正说:"看到您说秋末想辞归,这实在令人惶恐,四维我宁死也不愿先生您说这种话!"

张四维在后来,并不是跟定张居正的死党,他保存下来的这封信,不大可能造假,这应该是张居正在大变局到来之前的真实心情。

这一时刻终于到来!

五月二十二日，有消息传出，说是皇上病情加剧。三天后，又说皇上病情加重，这无疑是最后关头了。隆庆在这一天，召高拱、张居正和四月才入阁的礼部尚书高仪，到乾清宫接受"顾命"，将要做临终嘱托。

　　至哀无声。此时隆庆靠在病榻上，皇后和贵妃隔着垂帘坐在床边，太子立于一旁。

　　高拱一行来至榻前，神情严肃，默然跪下。

　　隆庆颤颤地伸出一只手来，抓住高拱的手，一面看着身边的皇后与贵妃，一面对高拱道："朕……要以天下劳累先生了……"高拱忍不住哽咽，哪里还能说出话来。隆庆缓了缓，又说："今后的事，与冯保商量而行。"高拱唯有点头示意。

　　隆庆转头，使了个眼色，冯保便朗诵了一遍遗嘱。遗嘱共两道，一道是给太子的，还有一道是给顾命大臣的。

　　给太子的遗嘱，有这样的话："你要听从三辅和司礼监辅导，进学修德，用贤任能，勿使政务怠荒，好好保守帝业。"

　　给大臣的则说："东宫幼小，朕今日托付给卿等三臣，同司礼监协心辅佐，遵守祖制，保固皇图。"

　　读毕，床前哀声大起。高拱流泪奏道："东宫年纪虽幼，但有祖宗法度在，臣等竭尽忠心辅佐。东宫若有什么障碍，臣不惜死，也要排除。望皇上勿以后事为忧……"他且奏且哭，泣不成声。勉强说完，便放声号啕，引得一旁的皇后、贵妃也失声痛哭。

　　冯保见不是事，使个眼色，两名小太监慌忙扶起高阁老，示意退出。三位大臣遂蹒跚出宫，一路哀哭。

　　隆庆又熬了一晚。第二天，五月二十六日，崩于乾清宫，当政仅六年。

此后又是丧事、下葬和劝进新帝等一系列程式，到六月初十，皇太子登基，宣布第二年为万历元年，是为明神宗。

在聒耳的蝉声中，京城的老槐树幽香隐隐，天地又是一新。众臣的命运，又要有一番很不寻常的沉浮了。

皇帝驾崩了，全国上下最感悲哀的，莫过于高拱。隆庆与他，可能是古代历史上最好的一对模范君臣了。其关系，甚至早已经超过了君臣，而成为生死之交。

此后一段时间，高拱在文渊阁里办公，睹物思人，常常想起隆庆驾临内阁时的情景，悲不自胜。于痛哭之中，连声叹息："十岁的太子如何治天下啊！"

高老太伤感了，这当然是肺腑之声。可是当时在场的人听了，却不禁面面相觑！

巨大的悲痛，简直要压倒高拱。先帝新丧，主少国疑，整个帝国的担子，就压在了他一个人身上。

他回想起，二月新雪初晴的一天，隆庆召高拱等一行，在文华殿议事。隆庆死死拉住高拱的衣服，顿足叹道："怎奈太子小哩！"

由此又回想起，那天是皇帝为太监的事而郁闷，拉着高拱的手，一路无言。从金水桥走入皇极门，一直走下台阶，坐下喝茶，仍拉住高拱的手，眼望前方良久，才说了一句："我心稍宁。"

还是那天，君臣俩一直走到乾清宫皇帝的寝殿，隆庆坐下，面露眷恋之情，刚说了几句话，就潸然泪下。

此时张居正等人，已跟着进来跪下请安，高拱一只手仍被隆庆拉住，无法抽身，只得跟着鞠躬，面对阁僚的跪拜，不免大窘。隆庆发觉了，才松开手，高拱连忙跪下，行礼如仪……

往事历历，如在目前。

可是，隆庆皇帝已经永远地走了。他一走，宫内立刻就有了乱象。

先是遗诏里，居然会出现"司礼监协心辅佐"的说法，不可思议。将国事托付给太监，历朝绝未有过，以至外廷一片议论纷纷。

第二怪是，托孤时，由冯保宣读在一张白纸揭帖上写的遗诏，那时司礼监掌印太监还是孟冲。一个时辰后，便有新的遗诏传出，命罢斥孟冲，以冯保代之。原来遗诏中的"司礼监"竟是为冯保而预留。顾命时，只是笼统地说司礼监，悲哀中无人注意，待大局已定后，马上就变成了冯保。这不是阴谋是什么？

高拱听到这个任免令后，恍然大悟，又中了张居正和冯保的计了，不禁脱口道："宦官安得受顾命！"

无论是当时人，还是后来的明清两代史家，对顾命时宣读的两份遗诏，都甚为怀疑，一般都认为是冯保矫诏，假传了圣旨。《明穆宗实录》和《明通鉴》干脆删去"司礼监"一句，《明史纪事本末》则直接说就是冯保矫诏。

冯保现在升了司礼监掌印太监，仍然提督东厂，权力之大，简直惊人了。

地平线，在瞬间就倾斜了！

高拱面临的，是一批可怕的对手。就算顾命时的两份遗诏并不是冯保篡改的，那么隆庆死后的任免令，肯定是矫诏无疑，死人不可能发号施令。能把这样一份明明白白的矫诏，堂而皇之地公布，冯保他一个人是做不到的。在冯的背后，是长期被遮蔽的另一个强大势力——李贵妃。

当人们醒悟过来时，木已成舟！

能够把这一切安排得天衣无缝的人——不用想了，唯有张居正。

冯保、李贵妃、张居正，一个新时代的三巨头，脱颖而出了。

昔日不可一世的高阁老，其横扫千军的能量，随着隆庆的升天，已丧失了绝大部分。

固执的老头儿，现在还没有意识到这一点。我是顾命大臣，我要按先帝遗嘱办。先帝以国家托付我，我就不能眼看着人亡政息。

这位直筒子脾气的老阁臣并不知道，忠心是做给活人看的；人既然死了，这件华丽的衣服也就不需要穿了。一切就剩下赤裸裸的两个字——利益。

他目前还没能意识到，一个很难逾越的高山，已经横亘在他面前了。这就是以往默默无闻的李贵妃。

在李贵妃这一面，也有着同样的忧虑，那就是主少国疑。新皇帝万历，她的儿子，只是个娃娃。就在这年的三月，太子刚刚出阁就学，隆庆为他选择了高仪、张四维、许国等十四位大臣做讲读，阵容强大，俱是一时名臣。

太子虽小，但聪明知礼。一日，在宫内御道上，恰遇高拱等阁臣匆匆出来，他先就彬彬有礼地问候："先生良苦从政！"众阁臣连忙谢道："愿殿下勤学。"太子天真地说："是哩，刚读完

《三字经》。"稍顿，又吩咐道，"先生们先歇歇吧。"一副纯然可爱的样子。

又一日，隆庆皇帝一时起兴，在宫中纵马奔驰，太子见了，连忙劝阻："父皇，您是天下之主，一个人这么跑，就不怕摔了?"隆庆勒住马缰，久久抚摸其头，大为感动。

太子对嫡母陈皇后，也非常亲近，皇后考问他功课，他都能对答如流。因为有了这个小家伙，两宫之间竟毫无芥蒂，宛若一体。

李贵妃出身于顺天府郭县一个平民家庭，她是个典型的"嫁得好"的女人。年幼时，家里为避战乱移居京城。不久，被选入裕王府做宫女，伺候裕王。嘉靖四十二年，生了小王子，这是裕王没把持住，吃了"窝边草"的结晶。李姓宫女由此一步登天，母以子贵，裕王刚一登大位，就封她做了贵妃。明代的妃共有九级，贵妃仅次于皇后。这个女人，就此成为离皇权最近的人之一。

其实她也很可怜，年轻时，虽然是亲王之妃，但嘉靖老皇帝有不认儿孙的怪癖，因此她的孩子，生下来好长时间连名字都没有（皇孙须由皇帝赐名），小孩的身份也不能确定。嘉隆两朝，皇帝都不大像样子，朝政又多事，为此她压抑得很。特别是隆庆生性风流，那就更无处诉苦了。

如此孤儿寡母，在一夜之间接管了国家的最高权力，李贵妃恐怕是忧惧多于高兴。她怕的，就是有人侵害他儿子的权力，唯恐外廷专擅。她很怕被蒙骗，怕大权旁落，怕受欺负。

她贵为天子之母，到底还是小户人家出身，面临大变局，总不免忐忑不安。急需一个既忠心又能办事的人，作为她和外廷之间通气的管道，同时兼做她的意图执行人。

李贵妃抓住的这个人，就是冯保。冯保伺候了母子俩很长时间，深受信任。所以，李贵妃才毅然把冯保破格提拔起来，同受顾命，赋予他极高的权力。

她要借此镇住群臣。

外廷却想不到这么多，只觉得祖宗之法怎么就给颠覆了？对于宫内做出的这个决定，都闻之甚骇，纷纷说道：阉人怎么能参与顾命？若要顾命的话，也须是皇帝亲口说，冯保他自己拟诏怎么能行？

情与法，在此短兵相接。

高拱，这位百官领袖，应该怎么来应对呢？我们不妨来替他参谋一下。

对垒的两方，首先挑起争端的，应该说是李贵妃与冯保一方。坐中军大帐的，是李贵妃。在她的一生中，再没有其他任何时刻，需要她像今天这样来干预朝政。她固然是皇帝的生母，但仅仅是庶母。在她上面，还有名正言顺的皇后，永远在名义上压她一头。而在实际上，也确实存在着压她一头的可能性。甚至，还有更可怕的后果，那就是皇后可以利用某种机会，一刀切断她与儿子在政治上的纽带，使皇帝的权力完全与她无缘。

因此她要奋起，要保持住与骨肉血缘一样重要的政治血脉。冯保，就是她选出来的主将与先锋官。若想做到让冯保卖命，只需给这个内廷二把手一个他梦寐以求的东西。那东西，给谁都是给，在这种时刻，当然非冯保莫属。对李贵妃来说，先帝驾崩后，换一个自己熟悉的人来做内廷总管家，能把自己在后宫推上至尊的地位，又何乐而不为？

此时，皇帝还小，远谈不上亲政。这个形势下，皇权实际上是落在了一个寡妇手里。中国古代的帝国制度上，永远会有这么一个漏洞，任何英明的皇帝也没办法补救。寡妇太后，没有执政经验，担心势力单薄，一般会引入外戚干政。当皇权明令限制了外戚之后，太后会起用宦官，结果，又引起宦官干政。为了打压宦官，只能借助权臣，又导致权臣跋扈，严重的还要篡位，总之是一片乱糟糟——没有谁能管得利索皇家的事。

陈皇后由于性格的关系，没有野心。这倒减少了问题的复杂性。这个备受先帝冷落的皇后，今后有一个情同姐妹的李贵妃罩着她，不令她难堪，她也就心满意足了。这就决定了，陈皇后势必成为李贵妃的同盟军，对贵妃的崛起予以默认。

至于上蹿下跳的冯保，严格来说，只是个小角色。他虽然也有欲望，但这个欲望是在与贵妃的欲望方向一致以后，才能实现。而且，他升为掌印太监是依例早该实行的，即使在这个敏感时期跃升，也并不为过。

他们各自都有可以让人理解的动机。

这一伙人，唯一公然违规的行为，是将太监列入了顾命臣子的行列。

这一点，高拱后来咬定，纯粹是出于冯保擅自矫诏。私怨蒙住了老爷子的理性，他没看出，这诏不仅是李贵妃参与矫的，而且隆庆皇帝事前也是同意了的。

可以仔细看托孤那天的全过程。有据可查，让冯保参与顾命，是奄奄一息的隆庆亲口说出的，隆庆临终时，体虽弱，但神志是清醒的，不会胡乱做出决策。这个顾命遗嘱，极有可能是出于他本人的意志。否则，借给冯保一万个胆，在陈皇后和李贵妃面前，冯保也不敢公然这样做。至于隆庆这样安排的动机何在，是为了将来制约高拱，抑或为了让内廷在他死后由一个强人把控，以免发生混乱，还是别的什么，不得而知。

内中原因，也是一个千古之谜。

但要注意，即使宫内的一伙人违背了祖制，也只是间接在向外廷挑战，而并不等于直接宣战。由高拱主持外廷的格局，宫内这一方，在目前还没有胆量来改变。大行皇帝（刚驾崩的皇帝）尸骨未寒，遗诏言犹在耳，他们还是有所顾忌的。

此时张居正的态度，实际上很暧昧。他并不是后宫这一营垒里的一员。他所做的，无非是给冯保以强有力的支持，务必防止冯保倒台。因为冯保这个因素，确实可以从内廷对高拱进行制约，起码在政务的流程上，可以扣住奏疏，不发还内阁票拟，给高拱制造一点儿麻烦。如此一来，就能减轻高拱对他张居正的压力，使得内阁的生存环境稍微宽松一些。

说这是三巨头也好，铁三角也好，他们三方的勾结，是因各自的利益，在转轨时找到了一个交会点，而不是信念上的一致。

高拱如果能看清这一点，就不应该对所谓违背祖制有过激的反应。道理在于：首先，大明是人家的大明，不管先帝曾经怎样托孤，你也成不了皇族的家人。他们想干什么，只要不直接触犯你的利益，不妨装作近视眼。

其次，如果你让了这一步，那么对方在道义上就会自感有亏。老话说做贼心虚，这是人之常情，他们就有可能对你也做些让步，以换取平安，使你有意外所得。

再次，不应该对冯保的蹿升太过意气用事。局势今非昔比，仓促决战，不一定有决胜的把握了。你不妨就让他跳，他陡然蹿红，难免要乖张失措。也许不用你出手，自然有看不过的言官替你收拾他。

最后，俗语说"瘦死的骆驼比马大"，就算靠山隆庆皇帝死了，但隆庆时代的文官体系毫发无损。你高拱领导外廷，如果在小皇帝的治下，继续兢兢业业，不出什么大毛病，李贵妃立足未稳，想无端就干掉一个首辅兼首席顾命大臣，基本是不可能的。她也犯不着去冒这个天下之大不韪。

宫内这一伙，冒险走了一步违规的棋，只要你不逼他们，接下来，自然会相安无事。

这个时候，高阁老最正确的战法，就是应该不战，尤其要避免决战。

如果万一有别的人要收拾冯保，你就可以出头来摆平了。这样，政治得分就有可能最多，首辅的地位也就更稳了。

但是，既生瑜，何生亮。高拱偏就是这么一个死倔死倔的老头儿。

忠君，忧国，恪守礼法，疾恶如仇。孔孟之道在他那儿，是一字也不能改的真经。他决不低头，也不会审时度势，更不想装聋作哑。

说他是器量狭小吗？呔，阉人都能和我堂堂首辅平起平坐了，还要我讲什么器量？真是无耻，无耻之尤啊！

拂去利益之争的表象，说到底，他还是一个有血性的人。

高老，朝中有无数的臣僚，知道你是好人。人与禽兽，相差几希？会识文断字，会张口说话？不！就是这么一点点血性！

此时的高拱，既看到了潜在的危机，同时也不免失之轻敌。对新崛起的掌印太监冯保，他根本没放在眼里。嘉隆两朝，有多少元老都被他高拱赶下了擂台，一个名不正言不顺的太监，又有多大能量？

但是冯保的突然冒出，又使高拱看到了中官勾结后妃、压制外廷的迹象，这是动摇国本的勾当啊。多少历史惨剧，就由此而发生。风起于青蘋之末，老夫不得不出手了！

那宦官，又是什么东西？

英宗时的王振、武宗时的刘瑾，为害之烈，至今叫人思之胆寒。

高拱在此时，检点了一下自己的阵营：六科十三道的言官，六部九卿的大佬，都还能用命。设若号令一发，必将狂澜涌起，不怕淹不死你个小小的冯保！

他先向两位阁僚打了招呼，但很遗憾，未能有如愿的效果。

高仪本是由高拱引进的，原想他应该乐于从命，但是尽管高拱慷慨陈词，高仪却只是态度含糊。老家伙，老了，不愿多管闲事，只是对高拱说："高公说得对，自是大丈夫事！但祸福难料，我不敢赞同，也不敢劝阻。"

高拱又忽发奇想，打算争取张居正加入。毕竟是士林中人，对他晓以"君国大义"，不可能不起效果。

张居正此时，正奉命在天寿山考察大行皇帝的葬地。为了表示诚意，高拱特派心腹韩楫，前去通报张居正，相约建不世功。张居正很难想象，高拱竟会幼稚到这种程度！他不便于有别的表示，只是说："此功何止是百世啊!"

韩楫走后,在暑天野外奔走了几日的张居正,头痛欲裂。高、冯两人斗法,他原本可以坐收渔人之利,也像高仪那样不管闲事。但是,高拱如果胜了,自己的状况不会更好,反而有可能更糟。

比方说,去年的下半年,高拱曾风闻,张居正收了徐阶家人贿赂的三万两银,所以才为徐阶百般回护。高老头心中大悟:怪不得!于是忍不住当面讥讽了张居正。

这真是无妄之灾!张居正急得指天发誓,词意甚苦,估计是说了"我受贿我就是猪狗"之类。高拱惊愕,这才觉得过意不去,略作道歉而罢。

两人裂隙,严格说就由此而来。张居正当时万分愤慨:堂堂大国首辅,竟疑神疑鬼到这种程度,又如何共襄大业?他和冯保逐渐走近,也就是自此时起。

可惜之极!在官场中一贯粗直无修饰的高老,就是这样痛失同盟军的。

对张居正来说,假如冯保能在这一回合取胜,情况就将大为不同。起码高拱的力量会受到有力的压制,为他张居正腾出一个很大的空间来。进一步设想,假如高拱就此翻车,那么外廷的事情,冯保和李贵妃是不能直接操作的,必须要有一个素有人望的大臣顶上。

那么,这个人,非他张居正莫属。

因此,高拱的所谓"百世大业",他张居正怎么能掺和?他清楚,高老的攻势一旦发动,就将是惊涛骇浪般凶猛。他必须马上通知冯保,提醒冯保不能坐以待毙。

当天，从昌平通往京城的大道上，有一匹快马，疾如流星。

稍后，当冯保知道这个消息后，自会有他的一番布置。

烟尘滚滚里，阴谋与阳谋交错而行。大国庙堂上，不知又将有怎样的酣斗。

第十七章

大政变于一夜之间到来

猛然间，大幕拉开，几乎是刻不容缓。

新的一场争斗，一开始，就具有高拱本人行事的那种急迫性。六月初十，小皇帝经过了一系列劝进、辞让的烦琐礼仪后，坐上了皇位。当天，高拱的第一封奏疏就到了，是《特陈紧切事宜以仰裨新政事》（后世习称《陈五事疏》）。

高拱不愧是老手，这道疏内，大有玄机。表面上，是建议小皇帝如何处理政务的。不胜其烦地讲，上朝该如何，见了群臣该说什么，奏章是如何一个处理程序，等等。关键是三点：一、要求一切奏章俱发内阁票拟；二、如果有不经过票拟，就内批了的，我们必须向皇帝问明白才执行；三、一切奏本都应发下，如果有不发的，原奏事者就要面请皇帝表示一个明确态度。

奏疏的字数不多，含义深矣！

冯保的能耐，不过就是扣住奏疏不发，或是擅自拟旨（甩开内阁，造成既成事实），以此来干预朝政。这个《陈五事疏》，就是要给冯保戴上笼头。你必须把所有的奏疏发给内阁拟票，如此，内阁的意见，就将成为皇帝的意见，内阁于是就有了最高行政权。你要是不让我们拟，擅自就批了的，我们则要向皇帝讨个说法：为什么要这么批？你要是扣住不发，奏事人也有权当面问皇上是怎么回事。

这么做，就是要让冯保成为一个废物。

奏疏是由三阁老联名上奏的。高拱拉来高仪、张居正这两个不大牢靠的同盟军，外人看了，还是有一定声势的。毕竟，三阁老的意见，没有人敢于无视。

通篇又都是尽心辅佐之意，一句没提冯保。只要把这个奏疏发给内阁票拟，我高拱就拟照准，然后以皇帝名义发布全国，看你冯保今后还怎么跳。

而且，好戏还在后头。只要这个奏疏一通过，就会有言官一拥而上，弹劾冯保。内阁在我掌控中，自然都会票拟同意。届时，就请冯公公体面下台吧。

高拱的棋，精确到了最后一步。

当天，高拱领衔的奏疏一上，高仪就告病了，请假在家休息。真病假病不知道，估计是连累带吓，身体真的出了点儿问题。

张居正在天寿山野外中了暑，回来后也歇下了，没来上班。

朝中，其实是高拱与冯保在单挑。

那冯保早有准备，若论权术，他也是九段高手。收到这个奏疏后，偏就是不发给内阁，自己替小皇帝批了六个字："知道了，遵祖制。"

这一来，高拱的奏疏内容是什么，公众不知道。皇帝接受不接受这些建议，没态度。

240

初战，一比一平。

高拱惯用堂堂之阵，手法熟了，见了这没见过的阴招，还真是一惊！当然，他也不是吃素的，随即就有第二手跟上，又接连上了一奏，敦请把前一奏赶快发下票拟，不能就这么不明不白留中（即留在宫内不批示下发）。

从道理上讲，新政刚刚开始，司礼监不能老是扣住三阁臣的奏疏。一次还行，两次、三次地吞掉，双方闹到小皇帝那儿说理，冯保就会吃亏。小皇帝并不知这里面的猫腻，要是问冯保一句："谁让你这么干的？"那冯保就得吃不了兜着走。

冯保被逼得没退路了，只好在六月十三这天，也就是四天后，将《陈五事疏》发下。高拱见之大喜：阉人，你没办法了吧？立即援笔，代皇帝拟了一句：全都按你们说的办！

大局定矣！

《陈五事疏》就此传遍四方。朝野皆知，看这个势头，可能要问冯保的罪了。

紧跟着，高拱大袖一挥，言官立即出动造势。第一波，以工科给事中程文为首，上疏弹劾冯保有四逆六罪三大奸，皆是滔天之罪。

比如，进海淫之器、邪燥之药，以损圣体，结果害死了先帝；比如，矫诏爬上掌印太监的位置，居心叵测；比如，将先帝遗诏以邸报形式公布天下，欺骗舆论；比如，新皇帝登极，冯保立于皇帝身边，竟敢受文武百官朝拜，属大逆不道……无论哪一条，都够凌迟的。

紧接着，吏科都给事中雒遵、礼科给事中陆树德等，先后跟

241

进，一责冯保僭越受百官朝拜，二责冯保升官遗诏为何在先帝弥留之后传出？三责司礼监原掌印太监孟冲并未免职，为何就有冯保突然任职，正式的任免令何在？言官们坚决要求：将冯保交付法司究罪，以正刑典。

果然是来势汹汹！

弹劾奏疏，雪片般地集中到通政司，再转到司礼监批红，冯保任是见过再大的场面，也吓得腿软。如果全部压下，百官不忿，要求面奏皇上，他本人就算是一只虎，又怎么能挡得住一群狼啊？

冯保的额头，开始冒汗了：这回真的玩大了！

这高老头，毒啊！冯保晕头晕脑，连忙叫来亲信徐爵，吩咐道：“快，快去问张相爷，怎么办，怎么办呢？”

胜败荣辱，间不容发。政争，原就是一场押上了身家性命的赌博。

可以感受到泰山将倾，可以看得见风云变色。以权术起家的人，即使坐到了巨头的位置，在这轮盘将停时，也不禁浑身战栗！

薄暮时分，徐爵匆匆来到张府，汗流浃背，口不能言——冯公公还能不能有救？

张居正却不慌，一如往常，吩咐用好酒好菜招待徐爵。众言官的那些奏章，高拱为防止留中不发，早叫人抄成揭帖，遍发京城各衙门，舆论轰动，张居正已然详知。

家人掌了灯，烛光里的张居正，让人很难看清他是什么表情，只是见他默思良久。

徐爵哪里还有心思大嚼，只巴巴地望着这位冷面相爷。

白日里看揭帖时，给事中程文的奏疏中，有一句话，深深刺痛了张居正："如果有人巧进邪说，曲为冯保说情，也望圣上明察。"

这是在说谁？高阁老，可惜你一肚子的才智，都用到了这种地方！大明的江山，不知老祖宗辈流了多少血，方才底定。要保住这大厦不倾，难道就凭这鸡鸣狗盗的伎俩吗？

什么巧进？什么邪说？蓄势多时，一日俱发，这不是在朝堂上公然上演闹剧吗？

突然，张居正凑近徐爵，拉住他衣袖，低声道："回去，禀告冯公公，让他赶快去找两宫（皇后与李贵妃）说清楚。"

徐爵不懂这一招如何就能救得了冯保的命，但他深信张相爷力能回天，于是拜过，起身就走。

六月十四日这天，黑云继续压城。冯保还是觉得吃不住劲，动用了特权，连夜开了紫禁城的东华门，让徐爵和张居正的亲信姚旷，往返传话。

一来二去，冯公公终于抓住了要领，知道怎么办了。六月十五日，紧急面奏小皇帝、李贵妃和陈皇后，将高拱曾在内阁说过的一句话"十岁的太子如何治天下"，篡改为"十岁的孩子如何做天子"，恶告了一状。

李贵妃与陈皇后闻言愕然，险些惊倒。就连那位十岁的小皇帝，也当场失色！

冯保见有了效果，自然会添油加醋。他又说：高拱欺负太子年幼，原想迎立自己家乡开封的周王为天子，企图以迎立之功，谋求封"国公"的爵位！

周王是朱元璋第五子朱橚（sù）之后，世代封国就在开封，是朱家皇室里最有出息的一支，诗书传家，多有著述。到万历年间，这已是一个三万二千人的大家族了。

这，这……这不是要天塌地陷？

冯保早已把金银散给两宫的太监、宫女，让他们也跟着学舌。两天里，后宫舆论滔滔——大明，不是要乱了吗？

冯保虽不是大奸大恶，但像他这种近臣，固宠邀宠多半用的是小人伎俩，也是够毒的。主子越怕什么，我就越给你汇报什么；你越恐惧，也就越信任我。

况且，宁信小人，不信君子，又是内心自卑的高位者常有的毛病。他们在莫名的恐惧下，对假想敌的反弹，会非常激烈。

冯保没有估计错李贵妃，一个深宫的娘娘、小户人家出来的妇道，根本就不知道如何跟大臣打交道。她没想过哪怕是随便召一个大臣来问问情况，因为思想这东西，只能在同一层次的人之间对流。

六月十六日，早朝时分，宫中忽然传出话来，说："有旨，召内阁、五府、六部，众臣皆至！"

这是要各部院主次长官，都到内廷去听两宫诏书。

情况非同寻常。

就要亮底牌了！

高拱兴奋异常，以为皇上要下诏开掉冯保了，一点儿没出他的预想。隆庆年代的根基，毕竟还是不可摇撼的。这么多的奏疏上去，这么大的朝政风波，不黑的人也要给描黑了，何况他冯保还有短处给外廷捏着。

他想象着，等会儿冯保被罢斥的狼狈相，心中就有按不住的豪气。

姜，还是老的辣吧！

他左右环顾：高仪怕事，在家里养病，就让他养着吧。

张居正从天寿山回来，就一直患腹疾，呕吐不止，也正在家里歇着。

这个戏剧性场面，一定要叫这位张阁僚来亲眼看着。高拱便打发人去催，催了几遍，才见张居正来了。

高拱此时，已把张视为盟友，朗声说道："今天的事，肯定是为这两天科道奏本的事。如果皇上和两宫责问什么，我来应对。我当然要以法理为依据，所说的话可能多有得罪。张公，内阁有你留下，我就是被驱逐，也没事。"

张居正本不想来看这一幕，他毕竟不是个幸灾乐祸的人。但高拱派人催了好几次，不来的话，反倒显得有鬼了。此时听高拱这样说，张居正心情复杂，只好应付道："高公，你这是说到哪里去了！"

一行绯袍玉带的高官，迤逦来到会极门。没见着皇上，也没见有两宫，只见太监王蓁（zhēn）捧着皇后懿旨出来。

各部长官一起跪下。只听王蓁高声道："张先生接旨——"

嗯？

不等众人有思考的余地，王蓁便连珠炮一般，念开了懿旨："皇后懿旨、皇贵妃令旨：说与内阁五府六部诸臣，大行皇帝宾天先一日，召内阁三臣在御榻前，同我母子三人亲受遗嘱曰，东宫年少，赖你等辅佐。而今大学士高拱违反遗诏，揽权擅政，威福自专，许多事情，统统不许皇帝主管，我母子日夜惊惧。现令高拱回籍闲住，不许停留。尔等大臣受国厚恩，如何就敢阿附权臣，蔑视幼主？从今往后，洗涤思想，忠心报主，如再有这样的，典刑处之。钦此——"

高拱伏在地上，越听越不对劲，当他明白过来后，不禁面色如死灰，汗下如雨，伏地不能起。

这真是，晴天霹雳！

这不可能，怎么可能？乱命，乱命啊！

但是，他的精神，已被这突如其来的打击完全击溃。争斗的结果，与他的期望相距太远。他头脑中只剩余一片空白。

紫禁城、文渊阁、绯袍玉带……难道，这一切就将永远告别了？

在旁边的张居正，连忙将他扶起，又唤了两个小吏过来，将老头儿搀扶出宫去。

张居正当日即升为首辅，此后，便是他长达十年的"江陵柄政"时期。

今人有评论说：此次的首、次辅之争，最为迅捷，胜负立见。大明一朝，此前此后都没有过。

这一年，是隆庆六年，岁次壬申，因此史称"壬申政变"。此次政变，以其短促、绝情而著称，也以当朝首辅被处理得如此狼狈而令人嗟叹。

对于当天张居正是否在现场，后世有不同看法。《明史》及《明史纪事本末》均称在场，而据崇祯年间周圣楷的《张居正传》考证，当时张居正仍在天寿山考察，回京时政变已发生。再看张居正本人的奏疏，则含糊了这一点，也似乎并未在场。而在六月十八日，亦即两天后，才有太监传他进宫，接受新任命。

皇帝发了怒，首辅丢官。这只出头的公鸡被拔光了毛，百官立即噤口。昨日之喧嚣，恍若隔世。反倒是张居正接旨后，马上去找了病中的高仪，两人联名上疏，请两宫收回成命，竭力挽留高拱。

他执笔的这个奏本，倒也直言不讳，说：臣等看高拱历三朝，有三十余年，小心谨慎，未曾有过失。虽然他议论侃直，外貌威严，而内心还是非常谨畏的。

这是公道话，但过去没有过失，不等于今天有错不能被罢免。仅仅这样说，还是不够的。

接下来，张居正又为《陈五事疏》作了辩护，说高拱只打算恢复祖制，意实无他，并没有什么坏心。而且是与臣等彼此商量过的，联名同上，而非高拱一人之意。因此，要罢，请把我们两人也一同罢了。他还提醒说，高拱是元老，未有显过，遂被罢斥，传之四方，实在是骇人听闻，与先帝的托付相抵触。

这个挽留奏疏，上奏于事发当天，道理说得相当到位。高拱本人与后世（包括当代）的绝大部分史家，都认为，这不过是在演双簧戏！

上这个奏疏，是为了避嫌，这是没有问题的。但假戏，似乎也不必做得这么真。所以，从此疏的观点如此尖锐来看，张居正究竟参与了多少阴谋，还是存有一点儿疑问。

往事不可追了，还是来看看政变的结果。

张居正上午上疏，下午得皇帝答复："卿等不可私心袒护，辜负国恩！"意思是，你们不要搞小团伙了，高拱，是绝对留不住了。

第二天，高拱依例前去"辞朝"，即交代离职事宜。张居正见了，忙说："我要为你请求'驰驿行'。"就是请求享有乘坐公家驿车的特权。

明代高官外出公干，一向有此特权。驿车是大车，中途停歇又有人伺候，自是体面而又舒服。私人只能雇到小车，简陋而颠簸，路途上就比较辛苦了。别人都还在为政变而惊恐，张居正却独独想到了这一点。

高拱毫不领情，一口回绝："走便走了，干吗还要驰驿?"少给我来这套。

张居正不由得怔住。高拱又讥讽道："张公大可不必如此，你就不怕再下一道'辜负国恩'的圣旨来?"你张居正行啊，卖友求荣，居然和冯保一块儿演起双簧来了。

张居正无法辩解，甚是尴尬，只能说："高公，你还是这个样子!"

高拱辞朝之后，就算正式卸了任。因圣旨有话不得停留，因此早有锦衣卫盯着，立时三刻，马上就得出城回乡去。

仓促之间，高拱在路边雇了一辆骡车，回家胡乱装了些细软，载着家人，踏上了归程。

张居正的提议，倒不是多虑，高拱刚被夺职，立刻就尝到了世态炎凉。因为首辅垮台，大祸临头，家中奴婢出于恐惧，多半逃散，顺手将值钱的东西差不多尽行卷走。又有锦衣卫的"缇骑"跟在车后，一路催逼，把车上的行李包裹也抢夺一空。

出了都门二十多里，全家饥渴难耐，才在路边一个野店歇下来，吃了一点东西。

当时有人叹道：大臣去国，从未有狼狈到这个样子的。高拱因为片言获罪，两宫叱责，如叱一奴。

宦海若此，生又何益！

不过，尽管狗眼看人低的势利眼多，但总有几个忠直之士，不怕天威难测，大胆前往宣武门，与高老泣别。

这一日，正是立秋。

一路秋风，千里黄尘。前路上，还有谁人慧眼识君？

布衣诗人嵇元夫，那时候尚年轻，与高拱交厚，送别高拱之后，痛极，曾赋诗《立秋日卢沟送新郑少师相公》：

单车去国路悠悠，绿树鸣蝉又早秋。

燕市伤心供帐簿，凤城回首暮云浮。

徒闻后骑宣乘传，不见群公疏请留。

三载布衣门下客，送君垂泪过卢沟！

青史千册，没见过五百年的帝王功业，留在了哪里。只见五百年的布衣友情，永为佐证。高老，有这一掬别泪在此，人生足矣！

却说高拱一家，继续前行，来到了良乡真空寺，当地即有亲朋故旧，闻讯赶来接风送饭。高拱心稍安。下得车来，随友人步入寺内，就见一小吏手持文书，也匆匆跟进。高拱不由一惊：难道皇上又要加罪了？

一问之下，才知这是张居正派来的何文书。何文书捧出一个驰驿勘合，交给高拱，说："这是老爷您的乘车证明。我们张爷早就票拟请旨，准许您坐车，勘合也早就写好了伺候着，圣旨一下，就给您送来了。"

话说得滴水不漏，在情在理。

高拱仍意气不改，瞟了一眼勘合，冷笑一声："他怎么知道，皇上一定会准？他怎么就知道，不会再有辜负国恩的责备了？他真是，想干什么就干什么，没有干不成的！"说着，一句河南话就脱口而出，"这不是，又做巫婆又做鬼吗？"

吃罢饭，高拱负气，不肯去坐驿车，还想登上骡车。送别的亲友再三相劝，说皇上的恩典不好违背，他这才去坐了官家的车子。

高拱离开了旋涡的中心，京中仍未平静。

此时，正在家养病的另一位顾命大臣高仪，听说政变发生，大惊，但也无法，唯有终日叹息。很快病情加重，呕血三日，于六月二十三日病故。

高仪为人清廉淡泊，家里遭火灾后，竟无钱重修，寄居在他人屋舍内。死后，险些因家贫而无法下葬。

时穷节乃见。吏部左侍郎魏学曾，是高拱门生，看不得自己的老师被如此陷害，挺身而出，公然声称："皇上新继位，为何就驱逐顾命大臣？且诏书出自谁手，不可不明示百官！"他又约诸大臣，一起前往张居正家质问。诸大臣不愿去，张居正也以患病避而不见。后来，因为这件事，魏学曾被降调南京任右都御史，最终，自己辞职了。

还有张四维，当时正在外地公干，闻讯大惊。在返京途中，走到北直隶的获鹿，即改道前往邯郸，见到了归家途中的高拱。老同事如此相见，自是一番唏嘘。后张四维又数次给高拱写信，叮嘱老上级万万谨言慎行，官场险恶，什么事都难料。

他在信中说：邯郸一别，匆匆若失，至今已有一月。京中人情事态，俨然已如隔代，不忍见，也不忍言！他还再三告诫高拱，要闭门谢客，绝口莫谈时事，过几个月再说，如何？其殷殷之情，流露纸上。

俗辈多狗眼，独有高士鸣。

朝野间有很多人，对驱高也甚感突兀，当时，不平之气弥漫上下。高拱是个经过几仆几起的政坛大佬，且一贯有仇必报，政敌都知道他的这一秉性。所以，此时如冯保者流，不能不考虑到，万一高老东山再起，自己的脑袋还稳不稳，就不一定了。

然而，这样一种紧张局势，对高拱来说，也同样十分险恶。从张四维的信来看，所言未必仅仅是好友的担忧。

高拱其人，总体上看，还是个磊落之士，忠君忧国，大节不亏。尤其是，他对于宦官干政的忧虑，有相当惊人的先见之明。这一次的所谓落败，无非是时不利兮，非战之罪也。中宫、内廷以及他的强势同僚，都不耐烦有个跋扈的前朝大佬压在他们头上。三方牢固结盟，且机巧百出，实出乎高拱意料。在政争中，他的优势已随隆庆驾崩而去，却又不能审时度势，仍生活在权力幻觉中，将三方一起得罪。尤其矫诏一说，直指李贵妃和小皇帝的权力合法性，结果触动机栝，一朝覆灭。

他虽有分化对方、争取张居正的想法，却未能全力以赴，反倒泄露了机密，导致冯保对他施以致命反击。

一代权臣，就这样败在了并无高明手段的宦竖手里。

高拱忠而近迁，他没弄明白：在大明朝，国家者，谁之国家？一家一姓而已！人家就喜欢小人弄权，人家就不怕自毁长城，人家就甘受大厦倾倒的后果，与你又有何干？仅逐你出都门去逍遥，已是很给面子了！

当然，忠义之士也有天助。高拱的直道而行，赢得了许多人的尊重；他因尽忠而失势，也引起了许多并未受过他恩惠的人同情，这是一种道义上的屏障。人心，不完全是可以随意踩踏的。无数并不相识的人，不约而同，群起对高拱进行了有力的保护。

就高拱的结局来说，即便以世俗眼光来看，也还强于夏言、严嵩，乃至后来张居正的身后事。

只是高老自己想不开，此番羞辱，使他终生难以化解，归乡以后，一直抑郁难平。《病榻遗言》大抵就是在这种心境下的抒愤之作。

往事已越数百年。其实留得清白在人间，远比当日居高位的风光来得更有价值。高老，完全可以瞑目了。

高拱走了，宫中终于恢复了安宁。两天后，年幼的万历皇帝，单独召见张居正，正式开始了新政治框架的运作。

这就是著名的"平台召见"。

会见地点，在乾清宫对面的云台门后方，这地方就叫作"平台"，是皇帝召见大臣的地方。

十九日一早，有太监到张家，宣召入宫。张居正此时中暑未愈，仍在家休息，闻召立刻赶到宫中。这个时辰，比平常的早朝时间还要早一些，万历小皇帝已坐在平台等候了。

万历皇帝让他跪到自己的座前，安慰道："先生为父皇陵寝，辛苦受热了！"稍顿，又说，"但是国家的事太重要，你能否在衙署好好调理，就不要请假了吧。"

张居正连忙叩头承旨，表示愿为陛下效劳。

万历想了想，又语气殷切地说："凡事还要先生尽力辅佐。父皇说过，先生是忠臣啊。"

张居正感动得再三叩头，几乎不能仰视，伏在地上说："臣蒙受先帝厚恩，担任顾命，怎敢不竭力尽忠？我以为，今天国家的要务，就在于遵守祖制，就不必乱改动了。至于讲学、亲贤、爱民、节用，都是为君之道的要务，望皇上留意。"

万历认真听了，而后说："先生说得是。"

张居正又说："现在天气暑热，望皇上在宫中慎起居、节饮食，以保养龙体，万寿无疆。"

万历说："知道了。（环顾左右）来人呀，与先生酒饭吃！"

这次召见，万历还赏赐给张居正白银五十两，丝绸衣料面子、里子各四套。明朝皇帝历来较为小气，赏赐下臣一般都是象征性的，甚至很寒酸。这次出手，已是很大方了。

这是新皇帝与新首辅的正式接洽。大明帝国的机器，开始重新启动了。

谢恩回到内阁后，张居正马上写了一道《谢召见疏》呈上，无非是表示效忠，对小皇帝再次提出了一番希望，其中有两条非常重要。一是亲贤远奸。这里的"贤"指的是他自己，自不必说；"奸"则特有所指，就是暗指那些惯于兴风作浪的言官。二是宫府一体，这是他非常重要的执政理念。也就是他希望，目前形成的权力铁三角，要长期保持默契，不能搞成两张皮，甚或尖锐对立。皇权与内阁行政权，应该互相支持与谅解，而不是互相牵制、抵消。这一点，在他后来的"江陵柄政"时期，做得相当好。

正是满城叶黄之际，万历首辅张居正，踌躇满志，踏进只有他一个人的文渊阁。盼顾之间，大概是觉得天高地阔，万里江山都在股掌之中。

这一年，他四十八岁，距当年得中进士已有二十五年。宦海沉浮长安道，他甘苦自知。

值此秋风浩荡日，或纵马驰骋，或于冈上振衣，那绝对是快哉。

——人，岂能一生无为如蝼蚁！

这真是太神奇了。当历史在一个转弯处时，他突然看到：再没有什么障碍可以阻挡自己了。

人世的代谢，欲望的交错，把一个千年罕有的机会，推到了张居正面前。

其中任何一个因素，只要稍微有所不同，未来的"万历新政"，就绝对不会以张居正的名义流传于后世。

在漫长的官场生涯中，张居正隐忍谦抑，曲为周旋，才赢得了今日的回报。民间有俗语说："仰脸老婆低头汉。"意谓这两者，都是不可轻视的角色。男人的隐忍，有时是包藏着致命锋芒的，任何将这种隐忍视为软弱可欺的人，都将为之付出代价。

张居正一贯的退守姿态，使他能保持冷静，客观地判断彼此实力，并且有从容的心态，等待成功的机会。

历来有大成功者，绝不会是一个志骄气浮的人。

他终于就此一跃而上。

但是，在这里我要强调，专制皇权下，无权就无法改变世界的这一法则，也迫使张居正不得不阿附宦官，杂以权术，以此来换取施展政治抱负的空间。这一点，是他一生中的一个污点。不仅为当时的清流士人所不齿，也为后世的史家所诟病，使他的名声严重受损。

白璧有玷，无须隐讳。政治道德上的这种污点，是任何理由都不能原谅的。

人若不爱惜羽毛，自会辱及后世。

现世的有些人，不相信有拔舌地狱，不相信有阎罗判官，更不管什么身后名声。即便如此，难道就可以在生前放手作恶了吗？

老百姓不这样看，他们有很朴素的道理——不是不报，时候未到！

张居正的误区，足以让后人慎思。

当然，有一个悖谬也恰恰在这里。就张居正来说，如果他珍视操守，赞同高拱，对冯保的擅权和李贵妃的越位，也持有抗争态度的话，其结局，将与高拱一样，终被雨打风吹去。因而，也就不会有后来的"万历新政"，张居正也将失去施展他个人抱负的一个大好机会。

那样的话，大明帝国，还有后代的史家，是否会因此而感到遗憾呢？

卑鄙，当它成了成功的通行证之后，选择还是不选择？

历史的迷思，就这样回绕不去……

图书在版编目（CIP）数据

世间再无张居正.1，千古一相/清秋子著. --郑州：河南文艺出版社，2022.4
ISBN 978-7-5559-1246-0

Ⅰ.①世…　Ⅱ.①清…　Ⅲ.①中国历史–明代–通俗读物　Ⅳ.①K248.09

中国版本图书馆 CIP 数据核字（2022）第 034102 号

选题策划　崔晓旭
责任编辑　崔晓旭
责任校对　殷现堂
书籍设计　吴　月

出版发行　河南文艺出版社
本社地址　郑州市郑东新区祥盛街 27 号 C 座 5 楼
承印单位　河南瑞之光印刷股份有限公司
经销单位　新华书店
纸张规格　890 毫米×1240 毫米　1/32
印　　张　8.125
字　　数　180 000
版　　次　2022 年 4 月第 1 版
印　　次　2022 年 4 月第 1 次印刷
定　　价　39.80 元

印厂地址　河南省武陟县产业集聚区东区（詹店镇）泰安路
邮政编码　454950　　电话　0371-63956290